中国养老行业发展报告2022

Report on the Pension and Caregiving Industry in China

罗守贵 谈义良◎主编

上海交通大学出版社
SHANGHAI JIAO TONG UNIVERSITY PRESS

内容提要

本书是 2022 年中国养老行业发展报告,分别从宏观和区域层面分析了养老行业发展的特征、问题及其应对。全书包括中国人口年龄结构分布特征与老龄化态势、人口老龄化的区域总体格局、三大都市圈人口老龄化比较,以及养老行业发展的区域特征及服务体系建设,同时选取七个典型案例,并对过去一年养老行业政策进行剖析,旨在对中国养老行业的年度发展进行一个动态扫描,为政府管理部门、业界、学术界和公众提供参考。

图书在版编目(C I P)数据

中国养老行业发展报告. 2022 / 罗守贵,谈义良主编. — 上海:上海交通大学出版社,2022.12
    ISBN 978 - 7 - 313 - 27915 - 6

Ⅰ.①中… Ⅱ.①罗… ②谈… Ⅲ.①养老—服务业—产业发展—研究报告—中国—2022 Ⅳ.①F726.99

中国版本图书馆 CIP 数据核字(2022)第 208834 号

中国养老行业发展报告 2022
ZHONGGUO YANGLAO HANGYE FAZHAN BAOGAO 2022
....

主　　编:罗守贵　谈义良
出版发行:上海交通大学出版社　　　　地　　址:上海市番禺路 951 号
邮政编码:200030　　　　　　　　　　电　　话:021 - 64071208
印　　刷:上海文浩包装科技有限公司　经　　销:全国新华书店
开　　本:710mm×1000mm　1/16　　印　　张:14.5
字　　数:200 千字
版　　次:2022 年 12 月第 1 版　　　　印　　次:2022 年 12 月第 1 次印刷
书　　号:ISBN 978 - 7 - 313 - 27915 - 6
定　　价:75.00 元

《中国养老行业发展报告 2022》编委会

（按姓名汉语拼音排序）

燕则铭 　上海卓代企业管理有限公司高级咨询顾问,上海交通大学行业研究院研究员

张国安 　上海卓代企业管理有限公司总裁、首席顾问,上海交通大学行业研究院研究员

赵一洪 　福寿康集团副总经理

郑育家 　上海交通大学行业研究院养老行业研究团队研究员,安泰经济与管理学院讲师

庄雪娇 　上海交通大学行业研究院养老行业研究团队研究员,九如城集团珠三角区域佛山城市总经理

总　序

2018 年 9 月，上海交通大学安泰经济与管理学院(简称"安泰")提出了"纵横交错，知行合一"的学院战略，旨在彻底改变商学院的研究范式，回归到理论与实践紧密结合的商学研究本源。传统的商学研究范式主要是以学科为导向，这种(学术)研究我们称之为"横向"，而安泰战略是在传统的研究范式基础之上，开拓"纵向"的行业研究，即以行业问题为导向的研究，其目的是打造一个学术研究与行业研究相辅相成、交错发展的新商学生态。

2018 年年底，上海交通大学行业研究院应运而生。这是安泰经管学院改革探索的"桥头堡"，旨在汇集各方资源，推动学院派行业研究的发展，并把行研成果用来反哺科研与教学，不断提高商学院的社会贡献。在过去的几年里，我们非常高兴地看到行业研究的理念已经得到广大安泰师生和校友们的积极响应，企业与社会调研、跨界交流与合作蔚然成风，行业讲座与课程如雨后春笋，行业研究系列成果正在逐渐形成，一个跨学科、跨院校、跨学界业界的行业研究生态已现雏形。

"上海交通大学行业研究院行研成果丛书"是传播安泰行业研究系列成果的一种重要形式。我们希望通过这套丛书把安泰行研团队取得的一些重要成果收集起来，分行业汇编成册、广泛传播。如果这些成果最终能够在经济社会的发展中起到一定的推动作用，我们将感到无比的欣慰。

在此，也一并向社会各界长期以来对安泰的发展给予的关注与支持表示衷心的感谢！

上海交通大学安泰经济与管理学院院长

上海交通大学行业研究院院长

2021 年 12 月

自序一

自 2013 年《国务院关于加快发展养老服务业的若干意见》(国发〔2013〕35 号)发布以来,我国的养老行业得到迅猛发展,整体规模不断扩大,服务体系不断完善,老年群体享受到了越来越值得称道的多层次、多元化、个性化的养老服务。回顾过往十年,为解决"养老服务和产品供给不足、市场发育不健全、城乡区域发展不平衡"等问题,国家和地方政府高度重视并付出了艰苦的努力。可以说,这是夯实中国养老行业高质量发展基础,中国养老行业发展成果丰硕、成绩斐然的十年。

2022 年是中国老龄化加速元年,面对汹涌而来的老龄化新潮头,深度加速的老年人口基数增长、经济结构转型、科学技术进步新现实,中国养老行业发展呈现出了不一样的气象和面貌。一方面,国家和地方政府以人民为中心,统筹推进"五位一体"总体布局,协调推进"四个全面"战略布局,坚持稳中求进的工作总基调,立足新发展阶段,完整、准确、全面贯彻新发展理念,构建新发展格局,坚持党委领导、政府主导、社会参与、全民行动,实施积极应对人口老龄化国家战略,推出一系列新政策、新方案、新举措,支持养老行业发展。党的二十大报告提出"实施积极应对人口老龄化国家战略,发展养老事业和养老产业,优化孤寡老人服务,推动实现全体老年人享有基本养老服务"新目标、新任务,更加激起全社会关注"养老",投身"养老"的热潮。另一方面,在国家和地方政府养老政策明确指引、经营环境不断改善、行业发展不断获得新动能的大背景下,行业企业踔厉奋发、勇毅前行,围绕中国老年人的养老服务需求,倾听老年群体内心的声音,围绕新时代中国养老服务高质量发展的核心命题,致力于消费需求洞察、精准渠道开发、服务模式创新,突破后疫情时代企业运营困局,穿透行业发展瓶颈,并未雨绸缪瞩目未来进行战略调整,在既有优势的基础上探究自身发展路径,在实践层面各自形成了一批可借鉴、可复制、可推广的鲜活成果,为全国养老行业发展提供范本和经验。

中国迎来百年未有之大变局,养老行业发展面临着前所未有的新机遇、新挑战。党的二十大后,养老行业必将迎来新的发展黄金期,行业具备空前巨大的发展空间,国家将辟新路,行业将现新前景。站在"两个一百年"奋斗目标的历史交汇点上,养老行业中的每一个企业个体既要树立强烈的历史机遇意识和风险忧患意识,也要坚定保持战略定力、战略自信、战略耐心,认认真真做好自己的事。与此同时,养老行业中的每一位企业家也要高瞻远瞩,科学决策,只有选择与时代、与国家保持同频共振,脚踏实地、全心奋斗,我们才能一起凝练养老行业的"中国方案",实现中华民族伟大复兴的中国梦。

谈义良

香港城市大学工商管理博士

九如城集团创始人

民政部全国养老服务业专家委员会委员

2022 年 12 月

自序二

第七次全国人口普查数据公布以后,中国的养老问题引起了社会各界广泛而密集的关注。原因在于,在我们刚刚跨入人均 GDP 10 000 美元的门槛之际,老龄化程度却远远超过中等收入国家了。

根据世界银行的数据,2020 年,我国 65 岁及以上人口占总人口的比重是全世界平均水平的 1.45 倍,是中高等收入国家平均水平的 1.22 倍,是与中国经济发展水平相当的 15 个国家(人均 GDP 8000—12 000 美元)的 1.37 倍,更是像印度这样人口结构年轻化的国家的 2.05 倍。

不管我们持什么样的观点,中国老龄化持续加速并迅速向深度发展是客观的事实。第七次全国人口普查结果告诉我们,近十年来中国的老龄化进程非常快:2010—2020 年仅仅十年,60 岁及以上人口占比已经从13.3%上升到 18.7%,其中 65 岁及以上人口占比从 8.9%上升到 13.5%,老年抚养比从 11.9%上升到 19.7%。但必须认识到,老龄化真正的加速期才刚刚开始:三年困难时期结束后的婴儿潮及其以后出生的人口在2022 年才进入老年行列。1962 年中国出生人口数迅速从 1961 年的1141 万大幅跳跃至 2092 万,1963 年更是达到 2787 万。此后十几年基本以每年 2000 万以上的速度高位持续(1977—1981 年略低),直到 1991 年。这 30 年平均每年出生的 2282 万人口将在未来 30 年陆续进入退休年龄。因此,未来 30 年,尤其是未来 15 年,将是中国老龄化的迅猛加速时期。

凡事预则立,不预则废。老龄化是世界各国经济发展的必然结果,老龄化必然会给中国经济发展带来巨大挑战,但积极地应对老龄化,化被动为主动,不仅能够使中国平稳度过老龄化的高峰,而且通过合理的人力资源开发,能够收获银发经济的红利。

本书分别从国家层面和区域层面分析养老行业发展的特征、问题及其应对,同时在全国选取七个典型案例,并对过去一年养老行业政策进行剖析,目的是对中国养老行业的年度发展进行一个动态扫描,为政府管理部门、业界、学术界和公众提供参考。

罗守贵

上海交通大学行业研究院养老研究团队首席专家

上海交通大学安泰经济与管理学院教授、博士生导师

2022 年 12 月

目录

1

宏观分析

中国人口年龄结构分布特征与老龄化态势

奚俊芳　段泽义

（一）中国人口年龄总体结构特征

根据 2020 年第七次全国人口普查结果,我国 0—14 岁人口为 2.53 亿人,占总人口的 17.95%;15—59 岁人口为 8.94 亿人,占 63.35%;60 岁及以上人口为 2.6 亿人,占 18.70%,其中 65 岁及以上老年人口数量达到 1.91 亿人,占总人口比重为 13.5%。与 2010 年第六次全国人口普查相比,0—14 岁人口的比重上升 1.35 个百分点,15—59 岁人口的比重下降 6.79 个百分点,60 岁及以上人口的比重上升 5.44 个百分点,65 岁及以上人口的比重上升 4.63 个百分点。老龄人口占比持续上升,是人口老龄化的直接表现形式。我国老年人口的数量和比重持续攀升,逐渐进入老龄化社会,而且老年人口规模大、增速快、高龄化的特征日益突出。

分地区来看,各省份之间老龄化程度有很大差异。一般认为,一个社会 65 岁及以上老人占比超过 7% 则进入轻度老龄化社会,占比为 14%—21% 则进入中度老龄化社会,超过 21% 则为重度老龄化社会。在 31 个省份中除西藏外,其他 30 个省份的 65 岁及以上老年人口比重均超过 7% 门槛,其中,12 个省份 65 岁及以上老年人口比重超过 14%,即进入中度老龄化社会。老年化程度位居前五的依次为辽宁、重庆、四川、上海、江苏,65 岁及以上老年人口比重均超过 16%(见表 1)。

表 1　我国各地区人口年龄构成　　　　　单位：%

地区	0—14 岁	15—59 岁	60 岁及以上	其中 65 岁及以上	老年抚养比 *
全　国	17.95	63.35	18.7	13.5	19.69
辽　宁	11.12	63.16	25.72	17.42	24.38
重　庆	15.91	62.22	21.87	17.08	25.49
四　川	16.1	62.19	21.71	16.93	25.28
上　海	9.8	66.82	23.38	16.28	22.02
江　苏	15.21	62.95	21.84	16.2	23.62
吉　林	11.71	65.23	23.06	15.61	21.48
黑龙江	10.32	66.46	23.22	15.61	21.07
山　东	18.78	60.32	20.9	15.13	22.89
安　徽	19.24	61.96	18.79	15.01	22.83
湖　南	19.52	60.6	19.88	14.81	22.55
天　津	13.47	64.87	21.66	14.75	20.55
湖　北	16.31	63.26	20.42	14.59	21.11
河　北	20.22	59.92	19.85	13.92	21.14
河　南	23.14	58.79	18.08	13.49	21.29
陕　西	17.33	63.46	19.2	13.32	19.21
北　京	11.84	68.53	19.63	13.3	17.77
浙　江	13.45	67.86	18.7	13.27	18.11
内蒙古	14.04	66.17	19.78	13.05	17.90
山　西	16.35	64.72	18.92	12.9	18.23
甘　肃	19.4	63.57	17.03	12.58	18.49
广　西	23.63	59.69	16.69	12.2	19.01
江　西	21.96	61.17	16.87	11.89	17.97
贵　州	23.97	60.65	15.38	11.56	17.93
福　建	19.32	64.7	15.98	11.1	15.95
云　南	19.57	65.52	14.91	10.75	15.43

（续表）

地区	0—14 岁	15—59 岁	60 岁及以上	其中 65 岁及以上	老年抚养比 *
海　南	19.97	65.38	14.65	10.43	14.99
宁　夏	20.38	66.09	13.52	9.62	13.74
青　海	20.81	67.04	12.14	8.68	12.31
广　东	18.85	68.8	12.35	8.58	11.82
新　疆	22.46	66.26	11.28	7.76	11.12
西　藏	24.53	66.95	8.52	5.67	8.12

资料来源:中国统计年鉴 2021,中国统计出版社,2021。

*注:老年抚养比(ODR)＝（65 岁及以上人口数/劳动年龄人口数）×100%;其中劳动年龄人口为 15 - 64 岁人口。

老年人口抚养比反映一个国家或地区的社会总体养老负担。如图 1 所示,2020 年,全国的养老负担已经接近 20%,也就是说,即使把 65 岁以下人口都计入劳动人口,每五位劳动人口就要养一位老人。分地区看,有 14 个省份的老年人口抚养比超过了 20%,重庆和四川都超过了 25%。

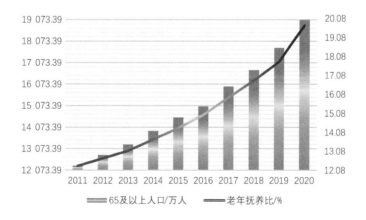

图 1　近十年我国老年人口规模增长及老年抚养比的变化趋势

资料来源:《中国统计年鉴》各相应年份。

从图 1 看,近十年来,我国老年人口规模不断扩大,老年人口抚养比加速上升。出现这一现象的主要原因是 20 世纪 70 年代开始的计划生育政策较快速地抑制了年轻人口的增速,相应地加速了老年人口的比重和老年人口抚养比的上升。

(二)基于国际比较的中国人口年龄结构特征

第二次世界大战以后,随着战争的结束和医疗卫生条件的改善,全球老年人口增长迅速,老龄化程度也在加速。据联合国统计,全球 65 岁及以上老年人口总量从 1950 年的 1.28 亿升至 2000 年的 4.2 亿;相应的老年人口占比从 5.1% 升至 6.9%,标志着全球人口基本进入老龄化阶段(接近 7% 的门槛)。2020 年,全球 65 岁及以上的老年人口总数大约为 7.2 亿,占总人口的 9.32%。根据联合国的预测,到 2050 年,全球 65 岁及以上人口占比将达到 16%。

世界各国老龄化水平总体上与国民经济发展水平成正相关,即国民经济越发达,社会老龄化水平越高。不难理解,高收入国家具有相对健全的社会保障体系、先进的医疗技术、高昂的生育成本,这些因素交织叠加,促使了这些国家老年群体人均寿命的提高以及婴儿出生率的降低,使得人口结构持续老化。而我国尽管正处于中等收入水平国家,但由于持续四十多年的计划生育政策较早地降低了人口出生率,加上改革开放以来医疗水平的显著提高,使得我国与其他收入水平相当国家相比,较早地进入了老龄化社会。

从表 2 可以看出,我国 65 岁及以上人口占比为 13.50%,不仅大幅超过了 8.08% 的中等收入国家平均,也超过了 11.07% 的中高等收入国家的平均水平,是与我国经济发展水平相当的人均 GDP 8000—12 000 美元国家平均水平的 1.37 倍,更是世界平均水平的 1.45 倍,已经相当于印度的 2.05 倍。

表 2   2020 年中国人口老龄化与世界的对比

分类	65 岁及以上人口占总人口比率/%
中国	13.50
印度	6.57
中等收入国家平均	8.08
中高等收入国家平均	11.07
人均 GDP8000—12 000 美元国家平均	9.87
全世界平均	9.32

资料来源:世界银行数据库,https://data.worldbank.org.cn/indicator/SP.POP. TOTL? view=chart,其中中国为 2020 年第七次全国人口普查数据。

目前,世界上老龄化程度最严重的五个国家依次是日本、意大利、葡萄牙、芬兰和希腊,均超过了 22%,尤其是日本达到了 28.40% 的超高比例(见表 3)。随着医疗水平的提升,人民生活平稳、质量提高,政府相关福利政策的保护,发达国家的寿命提高,死亡率减少,老年人口数量显著增长,造就了北欧、南欧以及亚洲的日本等发达国家率先进入深度老龄化社会。尽管越来越多的国家开始步入老年人口比例飞快增长的行列,但部分国家老龄化水平在近几十年中保持了比较稳定的水平。例如美国在过去 30 年间,65 岁以上老年人口占总人口百分比仅上涨了 4%,相比之下,中国上升了近 8%,日本则上升了近 17%。

表3 2020年中国与部分发达国家人口老龄化水平的对比

分类	65 岁及以上人口占总人口比重/%
日本	28.40
意大利	23.30
葡萄牙	22.77
芬兰	22.55
希腊	22.28
美国	16.63
中国	13.50

资料来源：世界银行数据库，https://data.worldbank.org.cn/indicator/SP.POP. TOTL? view＝chart

　　从表3可以看出，我国虽然与少数几个发达国家相比老龄化程度还低不少，但随着未来十几年婴儿潮一代出生人口进入老年行列，我国老龄化程度将快速接近乃至超过不少发达国家。更为重要的是，我国的老龄人口规模是世界上任何国家都难以相比的。

　　事实上，2020年全球65岁及以上人口占总人口比重超过14%的54个国家和地区总人口只有13.51亿，比中国的总人口还少。在这54个国家和地区中，人口超过1000万的只有21个，超过2000万的只有13个（见表4）。

表4 2020年全球人口老龄化程度超过中国的国家和地区

国家/地区	65 岁及以上人口占比/%	总人口/万人	国家/地区	65 岁及以上人口占比/%	总人口/万人
美国	16.63	33 150.11	塞尔维亚	19.06	689.91
俄罗斯联邦	15.51	14 407.31	丹麦	20.16	583.14
日本	28.40	12 626.10	芬兰	22.55	552.95
德国	21.69	8316.09	斯洛伐克	16.70	545.88

（续表）

国家/地区	65 岁及以上人口占比/%	总人口/万人	国家/地区	65 岁及以上人口占比/%	总人口/万人
法国	20.75	6737.99	挪威	17.53	537.95
英国	18.65	6708.10	新西兰	16.37	509.02
意大利	23.30	5944.95	爱尔兰	14.58	498.57
韩国	15.79	5183.62	克罗地亚	21.25	404.77
西班牙	19.98	4736.34	格鲁吉亚	15.25	372.27
乌克兰	16.95	4413.20	乌拉圭	15.09	347.37
加拿大	18.10	3803.72	波多黎各	20.83	328.15
波兰	18.74	3789.91	波斯尼亚和黑塞哥维那	17.92	328.08
澳大利亚	16.21	2569.33	阿尔巴尼亚	14.70	283.78
罗马尼亚	19.23	1925.75	立陶宛	20.62	279.49
荷兰	20.03	1744.15	斯洛文尼亚	20.74	210.24
比利时	19.25	1154.42	北马其顿	14.48	207.25
古巴	15.89	1132.66	拉脱维亚	20.69	190.04
希腊	22.28	1070.06	爱沙尼亚	20.37	132.95
捷克共和国	20.14	1069.79	塞浦路斯	14.41	120.74
瑞典	20.33	1035.34	卢森堡	14.39	63.04
葡萄牙	22.77	1029.71	黑山	15.77	62.13
匈牙利	20.16	975.01	马耳他	21.32	51.53
白俄罗斯	15.58	938.00	冰岛	15.62	36.65
奥地利	19.20	891.69	巴巴多斯	16.70	28.74
瑞士	19.10	863.66	库拉索	17.67	15.49
中国香港	18.20	748.10	阿鲁巴	14.61	10.68
保加利亚	21.47	693.40	美属维京群岛	20.50	10.63

资料来源：世界银行数据库，https://data.worldbank.org.cn/indicator/SP.POP.TOTL?view＝chart

（三）人口老龄化的城乡分布特征

由于中国人口从乡村向城市、从小城市向中等城市再向大城市流动，而流动的主要是年轻人，老龄化程度因此表现为农村高于城市，小城镇高于城市的现象（见表 5）。

表 5　2020 年中国乡村人口与城市人口老龄化对比

	人口/万人	60 岁及以上人口占比/%	65 岁及以上人口占比/%
城市	57 517.09	15.55	10.78
镇	32 482.03	16.42	11.82
乡村	50 978.76	23.8	17.72
合计	140 977.88	18.74	13.53

资料来源：中国统计年鉴 2021，中国统计出版社，2021。

注：由于统计口径的差异，城市、镇、乡村人口合计略少于总人口。

如图 2 所示，各类城市老龄化程度存在较大差异。大城市和中等城市老龄化比例最高，超大城市和特大城市次之，小城市老龄化程度最低。这一现象符合我国不同类型城市的经济结构特点和人口流动规律。首先，小城市老龄化程度最低与这类城市的工作节奏相对较慢、生活压力相对较小、生育率相对较高有关；而超大城市和特大城市比大城市和中等城市低是因为超大城市和特大城市的经济发展水平通常更高，尤其是产业结构更加多样性，就业机会更多，从而对年轻人的吸引力更大。

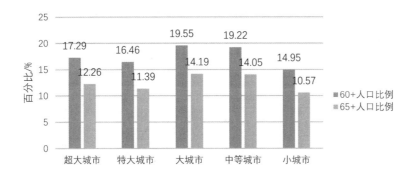

图 2　2020 年我国各类城市老年人口占总人口比例

资料来源：《中国统计年鉴》2021,中国统计出版社,2021。

注:城市规模分类标准为城区常住人口:(1)常住人口在 1000 万以上的为超大城市;(2)常住人口在 500 万至 1000 万的为特大城市;(3)常住人口在 100 万至 500 万为大城市,其中 300 万以上 500 万以下的为Ⅰ型大城市,100 万以上 300 万以下的为Ⅱ型大城市;(4)常住人口在 50 万至 100 万的为中等城市;(5)常住人口在 50 万以下的为小城市,其中 20 万以上 50 万以下的为Ⅰ型小城市,20 万以下的为Ⅱ型小城市。

各类城市人口年龄结构的分布也佐证了上述现象。超大城市与特大城市的突出特点是劳动力人口(15—59 岁)所占比例较高,而儿童(0—14 岁)所占比例较低。

从图 3 可以看出超大城市和特大城市 15—59 岁人口占比均达到了69.5%,而大城市和中等城市的这一年龄段比例分别为 61.8%和 63.5%。这一现象表明,我国大城市和中等城市的养老负担可能更重。

对于小城市而言,劳动力水平相对前四类城市处于中等水平,儿童所占比例相对较高,老年人口所占比例相对较低。这与小城市在城镇化进程中的位置密切相关,小城市是乡镇城市化进程中的第一步,相当数量农村青壮年劳动力进入城市,而老年人口仍居住于周边乡镇。一方面小城市生育成本相对较低,而相对乡镇有更好的教育资源条件;另一方面小城镇与周围乡村的天然联系更加紧密,适龄人口生育观念受乡村多子多福观念影响,生育意愿较强,从而形成了小城市有别于其他类型城市的年龄分布特征(见图 4)。

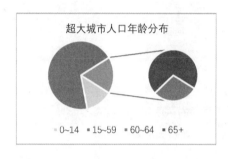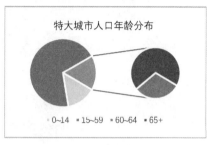

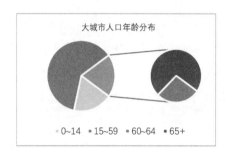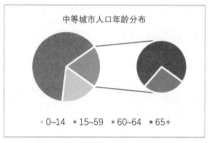

图 3　2020 年我国各类城市人口结构比较

资料来源:作者根据 2020 年第七次全国人口普查数据整理。

(四) 人口老龄化的演进态势

虽然过去十年我国老龄化增长较快,但未来的老龄化进程将更快。新中国成立后第二波婴儿潮出生人口今年开始达到 60 岁,这意味着 2022 年将是我国老龄化加速的元年。由于过去几十年的计划生育政策对人口结构的影响,中国在未来几十年将是全球老龄化进程最迅猛的国家之一。

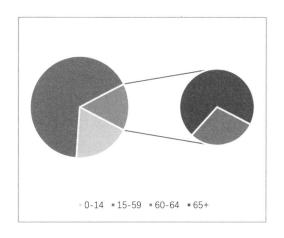

■ 0-14   ■ 15-59   ■ 60-64   ■ 65+

图 4   2020 年我国小城市人口结构分布

资料来源:作者根据 2020 年第七次全国人口普查数据整理。

根据中国人民大学人口与发展研究中心陈卫教授的预测,我国 60 岁及以上老年人口将在 2024 年、2032 年和 2048 年分别超过 3 亿、4 亿和 5 亿,并于 2052 年达到峰值 5.24 亿;其中 65 岁及以上老年人口将在 2033 年和 2050 年分别达到 3 亿和 4 亿,并将在 2057 年达到峰值 4.36 亿。在高方案下,60 岁及以上老年人口占比在 2035 年和 2050 年将分别达到 31%—32%和 38%—42%;65 岁及以上老年人口占比在 2035 年和 2050 年将分别达到 23%—24%和 29%—32%。伴随着老年人口的快速增长和人口总和生育率的快速下降,老年人口抚养比也将快速上升。

(五)小结

无论是从自身的人口演进节律分析,还是与其他国家的横向对比看,我国人口老龄化已经达到较高水平,并已经进入加速阶段。不仅如此,由于人口基数大,我国老年人口的规模巨大。目前人口老龄化程度超过我国的所有 54 个国家和地区的总人口仅相当于我国总人口的 96%。这意味着当我国的人口老龄化程度超过这些国家的平均水平时,我国的老年人口总量也将超过这些国家的老年人口总量,而这几乎包括了全球所有的发达国家和地区。

认识到这一点,就明白我国把积极老龄化确定为国家战略的重要性了。这一战略实施得越早,实施得越好,实施得越顺利,我国亿万老人的幸福生活就越有保障。

区域分析

人口老龄化的区域总体格局

范纯增　范逸航　周兰芬

从时空维度看,人口老龄化问题本质上是人口时空结构变化问题。老龄人口①数量结构及其地域结构变动与经济产出、医疗资源、教育资源、养老资源、适龄劳动人口、未成年人口、新出生人口等的数量变动及其地域结构变动协调一致时,老龄人口增加及人口老龄化的社会经济问题就不会太大,反之则会产生所谓的养老问题。因此,探讨老龄人口地域结构对解决老龄化问题至关重要。本章将主要围绕老龄人口在不同层次地域空间中的分布及变化,探讨老龄人口总体的非均衡性及其特征。长期以来,人口与经济的空间组织不断变化。老龄人口的地域分布特征及规律至少可以从国内三大地带、八大经济区和省区等不同层次进行分析。

(一) 老龄人口的增长及人口结构的变化

新中国成立以来,我国先后进行了七次人口普查。从人口普查数据来看,我国 60 岁及以上人口比重从 1953 年的 7.32% 上升到 2020 年的 18.70%,65 岁及以上人口的比重从 1953 年的 4.41% 增长到 2020 年的 13.50%,说明我国已经从当时非常年轻的人口结构进入老龄化社会,并且快速接近中度老龄化。尤其近十年来,老龄人口在全国总人口中的占比增加迅速。如 2020 年 60 岁及以上人口占全部人口的比重相比于 2010

---

① 本文中的老龄人口系指年龄在 65 岁及以上的人口。

年的13.26%提高了 5.44 个百分点,65 岁及以上人口占全部人口的比重相比于 2010 年的 8.87%提高了 4.63 个百分点。所有这些表明,中国老龄化从 2010 年开始进入了快速发展期(见图 1、表 1)。

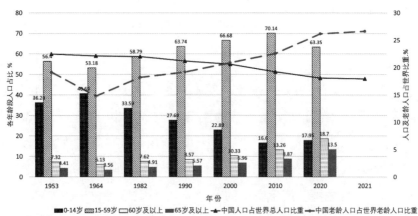

图 1　历次普查人口中老龄人口及其他年龄段占比

资料来源:国务院第七次全国人口普查领导小组办公室:2020 年第七次全国人口普查主要数据,中国统计出版社,2021. http://www.stats.gov.cn/tjsj/pcsj/rkpc/d7c/202111/P020211126523667366751.pdf.

1964 年,我国 60 岁及以上老年人口中,60—69 岁的低龄老年人口为 2523 万,占比为 66.09%;70—79 岁老年人口为 1113 万,占比为 29.16%;80 岁及以上老年人口为 181 万,占比为 4.75%。但到 2020 年,我国 60 岁及以上老年人口中,60—69 岁的低龄老年人口已达 14 740 万,占比为55.83%;70—79 岁老年人口已达 8082 万,占比为30.61%;80 岁及以上老年人口已达 3580 万,占比为 13.56%[①]。与 1964 年相比,2020 年我国 60—69 岁的低龄老年人口占比降低了 10.24 个百分点,70—79 岁老年人口占比提高了 1.45个百分点,80 岁及以上老年人口占比提高了 8.81 个百分点。这表明我国老龄人口数量有了很大的增加,"高龄老龄化"问题日趋突出。

---

① http://www.nhc.gov.cn/lljks/pqt/202110/c794a6b1a2084964a7ef45f69bef5423.shtml

表1 1953—2020年全国老龄人口及其他各年龄段人口占比　　单位:%

年份	0—14岁	15—59岁	60岁及以上	65岁及以上
1953	36.28	56.40	7.32	4.41
1964	40.69	53.18	6.13	3.56
1982	33.59	58.79	7.62	4.91
1990	27.69	63.74	8.57	5.57
2000	22.89	66.68	10.33	6.96
2010	16.60	70.14	13.26	8.87
2020	17.95	63.35	18.70	13.50

资料来源:国务院第七次全国人口普查领导小组办公室:2020年第七次全国人口普查主要数据[M].北京:中国统计出版社,2021.

(二)老龄人口在三大地带的分布

由于自然资源条件、历史地理演变、人口分布结构和经济发展水平等诸多因素的差异,我国区域经济发展客观上存在着明显的东部、中部、西部的地域经济分异特征。为了明确经济发展水平及其在国家总体经济发展中的地位和任务,我国在"七五"计划中将各省区划分为东部地带、中部地带和西部地带三大地带①,并根据各个地带特征制定和实施了不同的区域经济发展政策,有力地促进了区域经济及总体经济的快速增长。

在这三大地带中,我国老龄人口的分布呈现出明显的地带分异特征。

---

① 三大地带的具体划分方法为:东部地区,包括辽宁、河北、北京、天津、山东、江苏、浙江、上海、福建、广东、广西和海南等12个省区市;中部地区,包括黑龙江、吉林、内蒙古自治区、山西、河南、湖北、江西、安徽和湖南等9个省区市;西部地区,包括陕西、甘肃、青海、宁夏回族自治区、新疆维吾尔自治区、四川、重庆、云南、贵州和西藏自治区等10个省区市。

表2　1964—2020 年三大地带内部各年龄段人口占比　　　　单位:%

年份	三大地带	0—14 岁人口占比	15—64 岁人口占比	65 岁及以上人口占比	合计
1964（第二次全国人口普查）	东部	41.44	54.55	4.01	100
	中部	40.78	55.74	3.48	100
	西部	39.31	57.83	2.86	100
	全国	40.75	55.68	3.57	100
1982（第三次全国人口普查）	东部	30.97	63.57	5.46	100
	中部	34.90	60.50	4.60	100
	西部	36.38	59.20	4.42	100
	全国	33.63	61.46	4.91	100
1990（第四次全国人口普查）	东部	26.93	66.91	6.16	100
	中部	28.54	66.23	5.24	100
	西部	27.73	67.23	5.08	100
	全国	27.69	66.74	5.57	100
2000（第五次全国人口普查）	东部	21.13	71.22	7.65	100
	中部	23.63	69.81	6.56	100
	西部	25.29	68.39	6.32	100
	全国	22.94	70.09	6.97	100
2010（第六次全国人口普查）	东部	15.03	75.99	8.98	100
	中部	17.26	74.02	8.72	100
	西部	18.91	72.04	9.05	100
	全国	16.62	74.47	8.91	100
2020（第七次全国人口普查）	东部	17.21	69.53	13.26	100
	中部	18.49	67.43	14.08	100
	西部	18.84	67.88	13.28	100
	全国	17.98	68.50	13.52	100

资料来源:根据第二次至第七次全国人口普查资料计算。

注:"七五"计划是 1986—1990 年,为了分析人口的更长期变化,本表向前延伸到

1964 年,但三大地带的范围采用了"七五"计划的划分。

从表 2 可以看出,1964 年以来,三大地带中,东部、中部和西部的老龄人口占全部人口的比重都呈现逐步提升的基本趋势。如从 1964 年的第二次人口普查到 2020 年第七次全国人口普查,东部、中部和西部 65 岁及以上人口占总人口的比重分别从 4.01%、3.48% 和 2.86% 上升到 13.26%、14.07% 和 13.28%。此外,从 1964 年的第二次人口普查到 2000 年的第五次人口普查,三大地带内部老龄化水平由高到低的排列顺序都呈现为东部>中部>西部,但到 2010 年的第六次人口普查时变为西部>东部>中部的高低排列顺序,而 2020 年的第七次全国人口普查则变为中部>西部>东部的新的排列状态。但若从东部、中部和西部老龄人口占全国总人口的比重看,从第二次人口普查到第七次全国人口普查,东部>中部>西部的高低序列一直未变(见表 3)。这一变化显然是人口空间流动带来的——大量年轻人口从中西部向东部流动,相对降低了东部地区的老龄化水平,提高了中西部地区的老龄化水平。当然,由于总人口的空间分布差异,东部地区的老龄人口绝对数量始终占绝对优势。

表 3　1964—2020 年各类人口在三大地带的分布　　　　单位:%

| 年份 | 地带 | 三大地带内各类人口占全国总人口比重 | | | | 老龄人口的地带分布比重 |
		0—14 岁	15—64 岁	65 岁及以上	总人口	
1964	东部	8.98	30.25	3.25	42.48	46.63
	中部	8.23	24.30	2.28	34.81	32.71
	西部	5.74	15.53	1.44	22.71	20.66
	合计	22.95	70.08	6.97	100.00	100.00

（续表）

年份	地带	三大地带内各类人口占全国总人口比重				老龄人口的地带分布比重
		0—14 岁	15—64 岁	65 岁及以上	总人口	
1982	东部	12.74	26.14	2.27	41.15	45.77
	中部	12.45	21.58	1.67	35.70	33.67
	西部	8.44	13.69	1.02	23.15	20.56
	合计	33.63	61.41	4.96	100.00	100.00
1990	东部	11.15	27.70	2.55	41.40	46.53
	中部	10.20	23.68	1.87	35.75	34.12
	西部	6.36	15.43	1.06	22.85	19.34
	合计	27.71	66.81	5.48	100.00	100.00
2000	东部	8.98	30.25	3.25	42.48	46.63
	中部	8.23	24.30	2.28	34.81	32.71
	西部	5.74	15.53	1.44	22.71	20.66
	合计	22.95	70.08	6.97	100.00	100.00
2010	东部	6.72	33.98	4.02	44.72	45.12
	中部	5.79	24.84	2.93	33.55	32.88
	西部	4.11	15.66	1.96	21.73	22.00
	合计	16.61	74.48	8.91	100.00	100.00
2020	东部	8.01	32.37	6.18	46.56	45.68
	中部	5.83	21.27	4.44	31.54	32.82
	西部	4.13	14.86	2.91	21.90	21.51
	合计	17.97	68.50	13.53	100.00	100.00

资料来源:根据各次人口普查数据计算。

若从老龄人口的抚养比来看,从第二次人口普查到第七次全国人口普查,三大地带老龄人口的抚养比总体呈现上升趋势。如表 4 所示,1964年东部、中部和西部的老龄人口抚养比分别为 7.34%、6.24% 和 4.94%,到 2020 年其已分别上升为 19.08%、20.87% 和 19.57%。从三大地带内部抚养比的高低变化看,1964 年、1982 年、1990 年和 2000 年都呈现东

部＞中部＞西部的基本格局,但到2010年这一格局变化为西部＞东部＞
中部,2020年则变为中部＞西部＞东部。尽管老龄人口抚养比不断上
升,但未成年人口抚养比在以更大幅度下降,致使总体抚养比大幅度下
降。如1964年到2020年,东部、中部和西部的总体抚养比分别从
83.32%、79.41%和72.92%下降到了43.83%、48.29%和47.33%。这也
是过去几十年形成我国"人口红利"的关键机制,不过随着2010年以后出
生率的迅速下降,后续的劳动人口更替速度也将大幅下降。

表4　1964—2020年三大地带老龄人口及未成年人口抚养比变化　单位:%

年份	地区	0—14岁人口	65岁及以上人口	抚养比
1964	东部	75.98	7.34	83.32
	中部	73.18	6.24	79.41
	西部	67.98	4.94	72.92
	总抚养比	73.19	6.41	79.60
1982	东部	48.72	8.59	57.32
	中部	57.68	7.60	65.28
	西部	61.46	7.47	68.93
	总抚养比	54.71	7.99	62.70
1990	东部	40.25	9.20	49.45
	中部	43.09	7.91	50.99
	西部	41.24	6.92	48.17
	总抚养比	41.48	8.22	49.70
2000	东部	29.67	10.74	40.41
	中部	33.85	9.40	43.25
	西部	36.98	9.25	46.22
	总抚养比	32.74	9.95	42.68

（续表）

年份	地区	0—14 岁人口	65 岁及以上人口	抚养比
2010	东部	19.78	11.82	31.60
	中部	23.32	11.78	35.10
	西部	26.24	12.54	38.78
	总抚养比	22.32	11.96	34.28
2020	东部	24.76	19.08	43.83
	中部	27.43	20.87	48.29
	西部	27.76	19.57	47.33
	总抚养比	26.24	19.74	45.98

资料来源：根据各次人口普查数据计算。

从表 4 还可以看出，1964 年到 2010 年，东部、中部和西部未成年人口的抚养比分别从 75.98%、73.18% 和 67.98% 下降到 19.78%、23.32% 和 26.24%。2020 年，随着二胎乃至三胎政策的放开，新生儿出生率有所反弹，未成年人口相对增加，促使东部、中部和西部未成年人口抚养比分别回升到 24.76%、27.43% 和 27.76%。预计未来十几年，我国老龄人口会因 1962 年以后出生的婴儿潮人口的退休而迅速增加。因此，在出生率低迷没有根本性变化的情况下，我国的人口总抚养比依然会快速上升，其基本机制是 15—64 岁劳动人口比重下降，老龄人口相对快速上升。这是人口红利减弱的基本表现，当然也会推动老龄产业发展高潮的逐步趋近。

（三）老龄人口在八大经济区中的分布及其变化

由于三大地带的划分过于粗略，为更好地反映区域间的差异性和区域内的一致性，2004 年，国务院发展研究中心根据区域经济特征将全国划分为八大区域，即东北区、北部沿海区、东部沿海区、南部沿海区、黄河中游区、长江中游区、西南区、西北区。①

从八大经济区的老龄人口分布来看,1964 年北部沿海区老龄人口占全国老龄人口的比重为 20.27%,居八大区之首,其他依次是黄河中游区、长江中游区、西南区、东部沿海区、南部沿海区、东北区、西北区,其老龄人口占全国老龄人口的比重依次是 16.42%、15.99%、14.67、13.13%、8.86%、8.03%、2.64%(见表 5)。此后,在历次人口普查中,老龄人口数量最多的区在长江中游区和西南地区之间不断变动,而老龄人口最少是西北区这一点却一直没有改变。如 2020 年第七次全国人口普查资料表明,老龄人口最多的区是西南区,为 18.51%,其次为长江中游区,为 17.20%,再次是北部沿海区,为 16.11%,其他依次为东部沿海区、黄河中游区、南部沿海区、东北区,其老龄人口比重分别为 13.82%、13.80%、8.64% 和 8.47%,最低的是西北区,为 3.45%。

若从各区内部老龄人口占比来看,1964 年老龄人口占比最高的是北部沿海区,为 4.63%,其他依次为黄河中游区、东部沿海区、南部沿海区、长江中游区、东北区和西南区,最低的是西北区为 2.69%。其中,南部沿海区、长江中游区、东北区和西南区都低于全国平均水平。在此后的第三、第四、第五、第六次人口普查中,尽管其他区的老龄人口占比排序有所变化,但东部沿海区老龄人口占比始终位居第一,西北区一直位居最后(见表 5、表 7、表 9、表 11、表 13)。但到 2020 年,东北区老龄人口占比超过了东部沿海区,达到 16.39% 开始位居首位,其他依次是东部沿海区、北部沿海区、长江中游区、西南区、黄河中游区、西北区,最低的则变为了西南区,为 9.71%(见表 15)。

东北区从 1964 年老龄化水平低于全国平均水平,到 2020 年变为八

---

① (1)东北区,包括辽宁、吉林、黑龙江;(2)北部沿海区,包括北京、天津、河北、山东;(3)东部沿海区,包括上海、江苏、浙江;(4)南部沿海区,包括广东、福建、海南;(5)黄河中游区,包括陕西、河南、山西、内蒙古;(6)长江中游区,包括湖南、湖北、江西、安徽;(7)西南区,包括广西、云南、贵州、四川、重庆;(8)西北区,包括甘肃、青海、宁夏、西藏、新疆。

大区之首,主要是因为随着东北老工业基地的产业萎缩,当地就业和收入水平下降,导致以青年人口为主的人口外流,老龄化进程加快。根据第六次和第七次全国人口普查资料,最近十年东北区有 1000 万左右的人口向外迁移。如此大规模的人口迁出明显减少了 0—14 岁未成年人口数量和 15—64 岁成年人口数量,促使老龄人口占比迅速提升。

总体而言,第二到第七次全国人口普查资料表明,各区老龄人口占全国人口的比重、各区老龄人口占各区总人口的比重、老年人口抚养比等多个指标在八大经济区中的排序有所变化,总体不断快速提升。这表明各区老龄化进程在加深,但存在一定的区域差异。

按照 65 岁及以上人口占比达到 7% 为轻度老龄化、达到 14% 为中度老龄化的标准,1982 年以前我国尚不存在老龄化问题;1990 年,东部沿海区开始进入轻度老龄化阶段;2010 年,除东部沿海区外,北部沿海区也开始迈入老龄化阶段,其他六个区中,除西北区外,均已逼近老龄化阶段;2020 年,八大区已全部进入老龄化阶段,其中除南部沿海区、黄河中游区和西北区尚处于轻度老龄化阶段外,其他五个区都已进入中度老龄化阶段。

从历年各经济区抚养比的结构看,老龄人口对各区抚养比的贡献逐步提高。如 1964 年老龄人口对各区抚养比的贡献基本上在 10% 以下(见表 6),1982 年开始超过 10%(除了西北区外)(见表 8),1990 年在 11%—24% 波动(见表 10),2020 年在 14%—34% 波动(见表 12),2010 年各区的这一贡献值都超过了 25%,其中最高的东北区超过了 43%(见表 14)。到 2020 年,各区总体的老龄人口抚养比与 2010 年相比,大体一致,个别略有下降,但东北区、北部沿海区和东部沿海区都超过了 40%,也就是说,这三个区将近一半的抚养负担来自老龄人口,其中东北区的抚养负担中有 52% 来自老龄人口(见表 16)。

表5　1964年八大区域老龄人口的不同比重及相关指标　　　　单位：%

区域	0—14 岁人口占全区人口比	15—64 岁人口占全区人口比	65 岁及以上人口占全区人口比	总人口占全国总人口比	老龄人口占全国老龄人口比	老龄人口占全国总人口比
东北区	45.33	51.52	3.15	9.11	8.03	0.29
北部沿海区	41.35	54.02	4.63	15.64	20.27	0.72
东部沿海区	40.56	55.58	3.86	12.13	13.13	0.47
南部沿海区	41.63	54.71	3.66	8.64	8.86	0.32
黄河中游区	40.78	55.24	3.98	14.73	16.42	0.59
长江中游区	39.52	57.29	3.19	17.89	15.99	0.57
西南区	39.13	58.02	2.85	18.35	14.67	0.52
西北区	39.28	58.03	2.69	3.51	2.64	0.09
合计	40.75	55.68	3.57	100.00	100.00	3.57

资料来源：根据第二次全国人口普查计算。

表6　1964年八大区域内抚养比及结构　　　　单位：%

区域	总抚养比	0—14 岁人口抚养比	65 岁及以上人口抚养比	老龄人口抚养比对总抚养比贡献
东北区	94.10	87.99	6.11	6.49
北部沿海区	85.12	76.56	8.57	10.07
东部沿海区	79.93	72.98	6.95	8.70
南部沿海区	82.77	76.09	6.69	8.08
黄河中游区	81.04	73.84	7.20	8.88
长江中游区	74.55	68.98	5.57	7.47
西南区	72.35	67.43	4.92	6.80
西北区	72.32	67.69	4.63	6.40
合计	79.60	73.19	6.41	8.05

资料来源：根据第二次全国人口普查计算。

表 7 1982 年八大区域老龄人口的不同比重及相关指标　　　单位：%

区域	总人口占全国总人口比	老龄人口占全国老龄人口比	老龄人口占全国总人口比	0—14 岁人口占全部人口比	15—64 岁人口占全部人口比	65 岁及以上人口占全部人口比
东北区	9.06	7.57	0.37	32.04	63.88	4.10
北部沿海区	14.39	16.53	0.81	30.02	64.34	5.64
东部沿海区	11.08	13.14	0.65	27.94	66.24	5.82
南部沿海区	8.48	8.84	0.43	34.70	60.19	5.11
黄河中游区	14.73	14.55	0.71	34.57	60.55	4.88
长江中游区	18.39	17.45	0.86	35.09	60.25	4.66
西南区	19.65	18.92	0.93	36.69	58.58	4.73
西北区	4.21	3.00	0.15	38.18	58.32	3.50
合计	100.00	100.00	4.91	33.63	61.46	4.91

资料来源：根据第三次全国人口普查相关数据计算。

表 8 1982 年八大区域内抚养比及结构　　　单位：%

区域	总抚养比	0—14 岁人口抚养比	65 岁及以上人口抚养比	老龄人口抚养比对总抚养比贡献
东北区	56.57	50.15	6.42	11.35
北部沿海区	55.44	46.67	8.77	15.82
东部沿海区	50.96	42.18	8.79	17.25
南部沿海区	66.14	57.65	8.49	12.84
黄河中游区	65.14	57.09	8.05	12.36
长江中游区	65.96	58.24	7.73	11.72
西南区	70.70	62.63	8.07	11.41
西北区	71.46	65.46	6.00	8.40
合计	62.70	54.71	7.99	12.74

资料来源：根据第三次全国人口普查相关数据计算。

表9　1990年八大区域老龄人口的不同比重及相关指标　　　单位:%

区域	总人口占全国总人口比	老龄人口占全国老龄人口比	老龄人口占全国总人口比	0—14岁人口占全区总人口比	15—64岁人口全区总人口比	65及以上占全区总人口比
东北区	8.79	7.56	0.41	25.15	70.13	4.72
北部沿海区	14.60	16.19	0.89	26.87	67.05	6.08
东部沿海区	10.78	13.93	0.76	22.99	69.93	7.09
南部沿海区	8.80	9.04	0.50	30.60	63.77	5.64
黄河中游区	14.92	14.67	0.80	28.90	65.70	5.39
长江中游区	18.44	18.26	1.00	28.90	65.67	5.43
西南区	19.36	17.28	0.95	27.98	66.66	4.90
西北区	4.32	3.07	0.17	30.70	65.41	3.90
合计	100.00	100.00	5.48	27.69	66.74	5.48

资料来源:根据第四次全国人口普查相关数据计算。

表10　1990年八大区域抚养比及结构　　　单位:%

区域	各区总抚养比	0—14岁人口抚养比	65岁及以上人口抚养比	老龄人口抚养比对总抚养比贡献
东北区	42.59	35.86	6.73	15.80
北部沿海区	49.15	40.08	9.07	18.45
东部沿海区	43.01	32.87	10.13	23.55
南部沿海区	56.82	47.98	8.84	15.56
黄河中游区	52.20	43.99	8.21	15.73
长江中游区	52.27	44.00	8.27	15.82
西南区	49.32	41.98	7.35	14.90
西北区	52.89	46.93	5.96	11.27
合计	49.70	41.48	8.22	16.54

资料来源:根据第四次全国人口普查相关数据计算。

表11　2000年八大区域老龄人口的不同比重及相关指标　　　单位:%

区域	总人口占全国总人口比	老龄人口占全国老龄人口比	老龄人口占全国总人口比	0—14岁人口占全区总人口比	15—64岁人口全区总人口比	65岁及以上人口占全区总人口比
东北区	8.44	7.71	0.55	18.42	75.08	6.49
北部沿海区	14.42	15.50	1.10	20.81	71.55	7.64
东部沿海区	10.92	14.02	1.00	18.21	72.67	9.12
南部沿海区	10.22	8.94	0.64	24.06	69.72	6.22
黄河中游区	14.68	13.25	0.94	25.14	68.45	6.42
长江中游区	17.90	19.20	1.36	25.12	68.10	6.78
西南区	18.79	18.33	1.30	24.99	68.08	6.93
西北区	4.62	3.05	0.22	27.41	67.88	4.70
合计	100.00	100.00	7.11	23.20	69.85	6.95

资料来源:根据第五次全国人口普查相关数据计算。

表12　2000年八大区域内抚养比及结构　　　单位:%

区域	各区总抚养比	0—14岁人口抚养比	65岁及以上人口抚养比	老龄人口抚养比对总抚养比贡献
东北区	33.19	24.54	8.65	26.06
北部沿海区	39.76	29.08	10.68	26.86
东部沿海区	37.61	25.06	12.55	33.37
南部沿海区	43.43	34.51	8.92	20.54
黄河中游区	46.11	36.73	9.37	20.32
长江中游区	46.85	36.90	9.96	21.26
西南区	46.89	36.70	10.19	21.73
西北区	47.31	40.38	6.92	14.63
合计	43.17	33.21	9.96	23.07

资料来源:根据第五次全国人口普查相关数据计算。

表13　2010年八大区域老龄人口的不同比重及相关指标　　单位:%

区域	老龄人口占全国老龄人口比	总人口占全国人口比	0—14岁人口占全区总人口比	15—64岁人口全区总人口比	65及以上占全区总人口比	老龄人口占全国总人口比
东北区	8.42	8.22	11.75	79.12	9.13	0.75
北部沿海区	15.30	15.02	15.05	75.89	9.07	1.36
东部沿海区	13.46	11.71	12.43	77.33	10.24	1.20
南部沿海区	8.96	11.24	16.72	76.20	7.09	0.80
黄河中游区	13.16	14.39	18.16	73.70	8.15	1.17
长江中游区	17.75	17.03	17.61	73.10	9.28	1.58
西南区	19.28	17.71	19.84	70.46	9.69	1.72
西北区	3.67	4.68	19.95	73.03	7.00	0.33
合计	100.00	100.00	16.62	74.47	8.91	8.91

资料来源:根据第六次全国人口普查相关数据计算。

表14　2010年八大区域内抚养比及结构　　单位:%

区域	总抚养比	0—14岁人口抚养比	65岁及以上抚养比	老龄人口抚养比对总抚养比贡献
东北区	26.39	14.85	11.54	43.73
北部沿海区	31.78	19.83	11.95	37.60
东部沿海区	29.32	16.08	13.24	45.16
南部沿海区	31.25	21.95	9.31	29.79
黄河中游区	35.70	24.64	11.05	30.95
长江中游区	36.79	24.09	12.70	34.52
西南区	41.91	28.16	13.76	32.83
西北区	36.89	27.31	9.58	25.97
合计	34.28	22.32	11.96	34.89

资料来源:根据第六次全国人口普查相关数据计算。

表 15　2020 年八大区域老龄人口的不同比重及相关指标　　单位：%

区域	0—14 岁人口占比	15—64 岁人口占比	65 岁及以上人口占比	老龄人口占全国老龄人口比	老龄人口占全国总人口比	总人口占全国总人口比
东北区	11.01	72.60	16.39	8.47	1.15	6.99
北部沿海区	18.22	67.29	14.49	16.11	2.18	15.03
东部沿海区	13.78	71.09	15.12	13.82	1.87	12.36
南部沿海区	19.02	71.70	9.27	8.64	1.17	12.60
黄河中游区	19.67	67.03	13.30	13.80	1.87	14.03
长江中游区	19.12	66.65	14.23	17.20	2.33	16.34
西南区	19.43	66.55	14.02	18.51	2.50	17.85
西北区	21.07	69.22	9.71	3.45	0.47	4.80
合计	17.97	68.50	13.52	100.00	13.52	100.00

资料来源：根据全国第七次全国人口普查资料计算。

表 16　2020 年八大区域大区内抚养比及结构　　单位：%

区域	总抚养比	0—14 岁人口抚养比	65 岁及以上人口抚养比	老龄人口抚养比对总抚养比贡献
东北区	31.55	15.16	16.39	51.95
北部沿海区	48.62	27.08	21.54	44.30
东部沿海区	34.51	19.39	15.12	43.81
南部沿海区	35.80	26.53	9.27	25.89
黄河中游区	42.65	29.35	13.30	31.18
长江中游区	42.92	28.69	14.23	33.15
西南区	43.22	29.20	14.02	32.44
西北区	40.15	30.45	9.71	24.18
合计	39.76	26.24	13.52	34.00

资料来源：根据第七次全国人口普查相关资料计算。

（四）老龄人口在省区间的分布

1964 年以来,各省区市老龄人口总量不断增加。全国 31 个省份中,65 岁及以上老年人口超过 500 万人的省份有 16 个,老年人口超过 1000 万人的省份有 6 个(见图 2)。

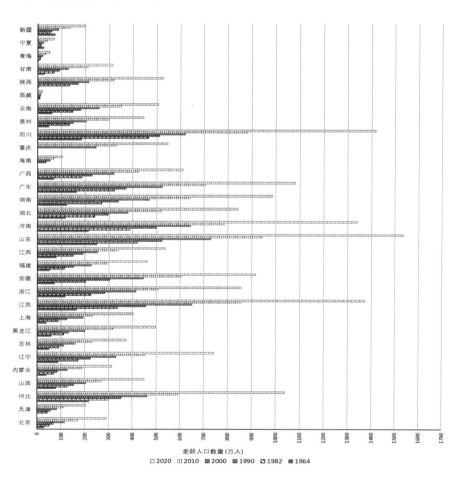

图 2　第二次至第七次全国人口普查年各省区老龄人口绝对数量及变动

资料来源:根据全国第二次至第七次全国人口普查资料计算。

33

　　分省区看,在 1964 年和 1982 年时,我国人口比较年轻,不存在老龄化问题。1990 年,只有上海的老龄人口占比达到 9.38%,进入轻度老龄化社会,其他省区市尚不存在老龄化问题。2000 年,在 31 个省份中,已有北京、天津、辽宁、上海、江苏、浙江、安徽、山东、湖南、广西、重庆、四川等 12 个省市的老龄人口占比超过 7%,从而进入轻度老龄化阶段。2010 年,仅有广东、西藏、青海、宁夏和新疆 5 个省区处于人口较年轻的阶段,其他省份都已进入轻度老龄化阶段。而最近的第七次全国人口普查资料则显示,除了西藏外的其他省份全部进入老龄化阶段,其中天津、上海、江苏、安徽、山东、四川、黑龙江、吉林和辽宁等 8 省市 65 岁及以上老龄人口占比超过 14%,已进入中度老龄化阶段,辽宁省 65 岁及以上老龄人口占比达到 17.42%,已接近重度老龄化阶段(见图 3)。

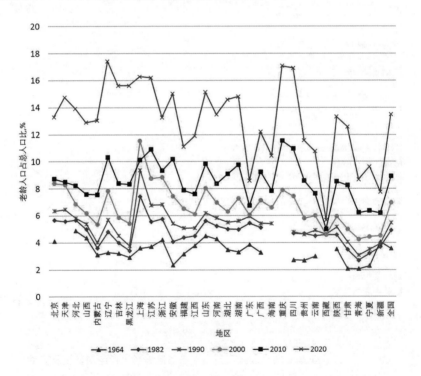

图 3　第二次至第七次全国人口普查年各省区老龄人口占本省区人口比及变动

资料来源:根据全国第二次人口普查至第七次全国人口普查资料计算。

从人口老龄化与经济的关系来看,北京、天津、内蒙古、上海、江苏、浙江、福建、广东、青海、宁夏等省份地区生产总值占全国 GDP 的比重高于其老龄人口占全国老龄人口之比,表明这些省份对老龄化的经济应对能力较强,尤其是广东、江苏、浙江、福建等省经济增长强劲,人口老龄化进展较慢,这为全面高质量应对老龄化提供了坚实的保障。上海、北京、天津等城市经济增长相对较快,它们的地区生产总值占全国 GDP 的比重也明显高于其老龄人口占全国老龄人口之比,表明其亦具有应对老龄化的雄厚经济基础。山西、辽宁、吉林、黑龙江、湖北、湖南、广西、四川、贵州、云南、甘肃等省区地区生产总值占全国 GDP 的比重有下降趋势,而老龄化进展则较快,表明这些省份应对老龄化的经济基础相对较低。新疆、云南、西藏等省区的老龄化程度在持续下降,而地区生产总值占全国 GDP 的比重在上升,表明其具备很好的动态解决老龄化的经济基础。河北省的老龄化程度在下降,但其地区生产总值在全国的比重也在下降,安徽等省老龄化程度大致在上升,但地区生产总值在全国的比重提升较慢,老龄人口增加对这些省份的经济压力较大(见表 17)。

表 17　1990—2020 年各省区市老龄人口和 GDP 占全国相应指标的比重 单位:%

指标	各地区老龄人口占全国总人口比重（按年份排）					各地区生产总值占全国 GDP 比重（按年份排）				
	1982	1990	2000	2010	2020	1982	1990	2000	2010	2020
北京	1.06	1.11	1.32	1.44	1.53	2.95	2.65	3.26	3.61	3.58
天津	0.88	0.92	0.94	0.93	1.07	2.17	1.64	1.75	1.65	1.40
河北	6.10	5.73	5.26	4.99	5.45	4.79	6.07	3.94	4.34	3.59
山西	2.56	2.50	2.32	2.28	2.36	2.65	2.27	1.88	2.15	1.75
内蒙古	1.41	1.39	1.44	1.58	1.65	1.78	1.69	1.58	1.98	1.72
辽宁	3.48	3.62	3.77	3.80	3.89	6.00	5.62	4.81	3.35	2.00
吉林	1.82	1.80	1.82	1.94	1.97	2.32	2.25	1.87	1.55	1.22

（续表）

指标	各地区老龄人口占全国总人口比重（按年份排）					各地区生产总值占全国 GDP 比重（按年份排）				
	1982	1990	2000	2010	2020	1982	1990	2000	2010	2020
黑龙江	2.27	2.15	2.27	2.69	2.61	4.73	3.78	3.24	2.00	1.36
上海	1.79	2.02	2.19	1.96	2.12	6.42	4.72	4.91	4.32	3.84
江苏	6.81	7.35	7.40	7.22	7.20	7.43	7.49	8.81	9.98	10.19
浙江	4.54	4.56	4.71	4.28	4.49	4.45	4.78	6.32	6.61	6.41
安徽	4.12	4.90	5.07	5.11	4.80	3.56	3.48	2.99	3.20	3.84
福建	2.30	2.46	2.58	2.45	2.42	2.24	2.76	3.88	3.62	4.36
江西	3.03	3.10	2.88	2.86	2.82	2.55	2.27	2.06	2.26	2.55
山东	8.50	8.44	8.29	7.94	8.06	7.53	7.99	8.58	8.18	7.26
河南	7.89	8.05	7.32	6.62	7.03	5.02	4.94	5.20	5.46	5.46
湖北	4.85	4.79	4.32	4.38	4.42	4.64	4.83	3.65	3.91	4.31
湖南	5.45	5.48	5.33	5.41	5.16	4.43	3.93	3.66	3.76	4.15
广东	6.54	6.01	5.94	5.93	5.67	6.65	8.24	11.06	11.08	11.00
广西	3.78	3.69	3.64	3.58	3.21	2.46	2.37	2.14	2.06	2.20
海南	——	0.57	0.59	0.57	0.55	0.59	0.54	0.54	0.49	0.55
重庆	——	——	2.77	2.81	2.87	——	1.58	1.65	1.94	2.48
四川	9.46	8.26	7.05	7.42	7.43	5.24	4.71	4.04	4.15	4.82
贵州	2.70	2.41	2.32	2.51	2.34	1.51	1.37	1.06	1.09	1.77
云南	2.97	2.92	2.92	2.96	2.66	2.10	2.39	2.07	1.87	2.43
西藏	0.17	0.16	0.14	0.13	0.11	0.19	0.15	0.12	0.12	0.19
陕西	0.25	2.73	2.43	2.68	2.76	0.35	2.14	1.86	2.37	2.60
甘肃	0.98	1.47	1.45	1.78	1.65	1.24	1.28	1.08	0.95	0.90
青海	0.21	0.22	0.25	0.29	0.27	0.38	0.37	0.27	0.28	0.30
宁夏	1.39	0.26	0.28	0.34	0.36	1.47	0.34	0.30	0.38	0.39
新疆	2.68	0.96	0.99	1.14	1.05	2.13	1.38	1.40	1.29	1.37
合计	100	100	100	100	100	100	100	100	100	100

资料来源：根据第三次至第七次全国人口普查数据及国家统计局资料计算。

从老龄人口的抚养比来看,1964—2020 年各省区市老龄人口的抚养比一直处于上升状态,表明 1964 年、1982 年、1990 年、2000 年、2010 年和 2020 年大多省区市的老龄人口占比在逐步增加。其中,河北呈现下降—上升的变动;新疆、宁夏、青海、贵州、四川等地呈现上升—下降—上升的变动(见图 4)。从对总抚养比的贡献看,1964—2020 年未成年人口贡献率大幅下降,老龄人口贡献逐步上升(见图 4、图 5 和图 6)。从图 4、图 5 和图 6 可以看出,北京、天津、辽宁、吉林、黑龙江、上海和江苏的老龄人口抚养比超过了未成年人口抚养比。2020 年的人口普查显示,我国老年抚养比超过 20% 的省区已达 14 个,其中最高的重庆已达到25.48%,位于第二位的四川达到 25.28%,这两个省市的老年抚养比都已超过 25%,再次为辽宁,达到 24.37%,也接近 25%,第四位的是江苏,达到了 23.61%(见图 4)。这也从另一角度说明了目前我国老龄化的严重性。

另外,各省区市的老龄化机制差异化明显。如 2020 年,上海市外来常住人口占上海总人口的 42.14%,这个比重全国最高。这可能是由于在沪外来常住人口多是受教育程度高的人群,兼有上海生活成本和教育成本较高等原因,其生育意愿相对不高,而上海户籍人口的生育率一直较低,致使 0—14 岁人口占比仅为 9.8%,位居全国 31 个省区市的最后一位,65 岁及以上人口占比 16.28%,仅低于辽宁省的 17.42%、重庆市的 17.08% 和四川省的 16.93%。而且,上海人口的平均预期寿命是全国最高的,这强化了未来老龄人口的预期。这样,相对较少的年轻人口和相对较多的老龄人口,致使上海老龄化情况非常严重。

广东 2020 年外来常住人口绝对量位居全国 31 省区市的首位,高达2962.21 万,占全省人口的 23.51%,外来人口占比位居 31 个省区市的第五位。与上海、北京有所不同,大量流入广东的年轻人口多从事制造业,生育意愿相对较强,而且广东本地人口的生育意愿也较强,因此 0—14 岁人口占比较高,15—64 岁劳动人口占比亦较高,相比之下老龄人口相对较少,致使其 65 岁及以上的老龄人口占比仅为 8.58%,仅高于新疆的

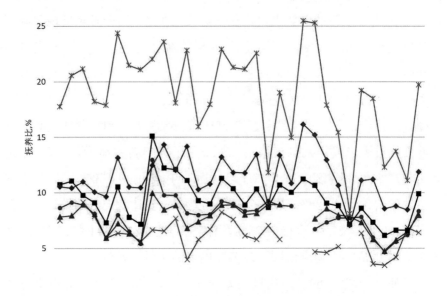

图 4　第二次至第七次全国人口普查年各省区老年抚养比

资料来源:根据全国第二次至第七次全国人口普查资料计算。

7.76%和西藏的 5.67%。

浙江 2020 年的外来常住人口占全省总人口的 25.07%,位居 31 个省区市的第四位。大量外省的青年劳动力流入,也有效降低了其老龄化程度。

江苏 2020 年 65 岁及以上老龄人口占比达到 16.20%,高于浙江 2.93 个百分点,仅低于上海 0.08 个百分点。这主要是由于江苏的生育率为 6.65‰,虽高于上海、天津、黑龙江、辽宁和吉林,但有高达 1372.65 万 65 岁及以上老龄人口,仅次于山东和四川。如此庞大的老龄人口,再加上外来

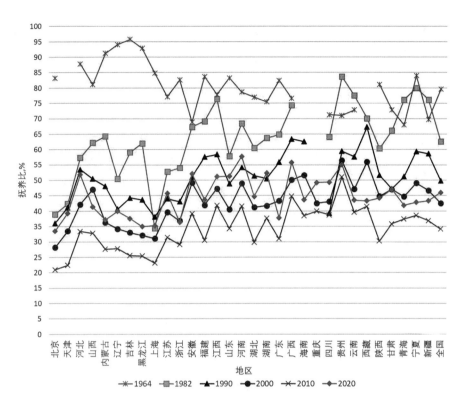

图5 第二次至第七次全国人口普查年各省份总抚养比

资料来源:根据第二次至第七次全国人口普查资料计算。

常住人口占比相对不高(仅5.49%,远低于大部分沿海省市),因此老龄化程度较高。

安徽2020年的人口出生率为9.45‰,高于全国水平,但大量人口外迁。根据2020年人口普查,安徽有997万人口流出,外迁人口占全省总人口的比重高达16.34%,仅低于贵州。而安徽的老龄人口却达到915万人。随着年轻人口的流出,老龄人口在本省总人口中的占比不断提高,从而形成了中度老龄化水平。

辽宁、黑龙江、吉林、四川、重庆等地的老龄化程度较高,也与这些地区成年人口的大量外迁有关。如2020年人口普查资料显示,东北三省的

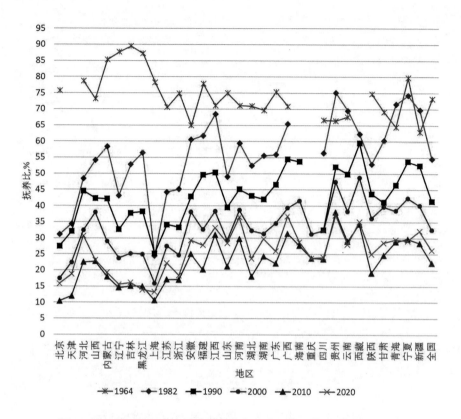

图 6　第二次至第七次全国人口普查年各省区 0—14 岁人口抚养比

资料来源:根据全国第二次至第七次全国人口普查资料计算。

外迁人口达到 822.06 万人,净流出人口为 354.26 万人。这些省份外迁人群主要是 15—64 岁的劳动人口,这种人口迁移自然提高了老龄化水平。

青海、宁夏、新疆、西藏等地区出生率较高,0—14 岁人口占比较高,老龄人口占比较低,这种一高一低的反差,造就了这些地区较低的老龄化水平。

（五）老龄人口分布的非均衡性分析

1. 基于泰尔指数的分析

泰尔指数是一个常用于衡量地区差异的指标，本文也采用泰尔指数来衡量中国 31 个省份人口老龄化的地区差异。人口老龄化泰尔指数 T 的计算公式为：

$$T = \frac{1}{n} \sum_{i=1}^{n} \frac{y_i}{\mu} ln \frac{y_i}{\mu}$$

其中，n 为研究样本的数量，在本文中 $n = 31$；μ 为中国 31 个省份人口老龄化系数的平均值；yi 指的是 i 省份的人口老龄化系数。

计算结果表明，中国的泰尔指数从 2000 年的 0.0258 波动下降到 2010 年的 0.0155，然后再从波动中上升到 2019 年的 0.242。这表明中国老龄人口的地域分布不平衡自 2000 年开始下降，到 2010 年降至最低点，然后在波动中开始再次上升，到 2019 年达到了较高的水平（见图 7）。

从泰尔指数的结构看，总泰尔指数由东、中、西部三大地带间老龄化差异和内部老龄化差异共同构成。其中，三大地带内部的老龄化差异对总泰尔指数的贡献从 2000 年的 57.22% 增加到了 2019 年的 90.78%，表明其对全国老龄人口地域差异的贡献逐步增加；而三大地带之间的老龄人口差异对总泰尔指数的贡献从 2000 年的 42.78% 下降到 2019 年的 9.22%，表明其对全国老龄化人口分布的地区差异贡献逐步降低。

总体来看，三大地带老龄人口的地域分布不均衡各具特点。东部地带老龄人口的地域分布不均衡在三大地带中大致低于西部，高于中部。2000 年东部地带老龄人口地域分布不均衡指数为 0.0152，此后开始逐渐下降，到 2010 年降为 0.0084；但从 2010 年开始，该指数又开始不断上升，到 2019 年达到 0.0223。在 2000—2019 年的 20 年里，东部地带总体老龄人口地域分布差异指数平均为 0.015。

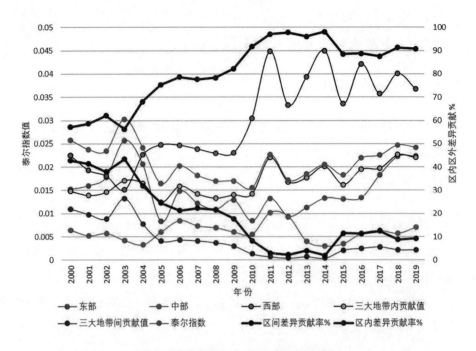

图 7　泰尔指数区内及区间差异贡献率

资料来源：柯宗俊,邓汉慧.中国人口老龄化地区差异和收敛性分析[J].统计与决策,2021,(19):68－72。本文作者据此数据绘制。

中部地带老龄人口的地域分布不均衡度最低。2000—2019 年,中部地带老龄人口地域分布不均衡指数一直在 0.0030 到 0.0102 之间波动。在 2000—2019 年的 20 年里,中部地带总体老龄人口地域分布差异指数平均为 0.006。

西部地带老龄人口的泰尔指数在三大地带中相对较大。2000—2019年,西部地带老龄人口地域分布不均衡指数一直在 0.0151 到 0.045 之间波动,并总体呈现上升趋势。在 2000—2019 年的 20 年里,西部地带的总体老龄人口地域分布差异指数平均达到 0.0299。

2. 基于老龄人口重心移动的分析

老年人口重心的变动是表征老龄人口空间集聚移动的重要指标。在此,我们利用第二至第七次全国人口普查资料,对 1964 年以来我国老龄人口重心的情况进行计算。结果表明,自 1964 年以来,我国老龄人口重心发生了显著变化,且呈现出一系列的特点。

从老龄人口重心变动过程看,1964 年我国老龄人口重心位于东经114.12 度,北纬 33.06 度;到 1990 年时,我国老龄人口重心变为东经112.62度,北纬32.06度;到2020年再度改变为东经113.90 度,北纬32.71度。这表明,1964—1990 年,我国老龄人口重心向西向南移动了179.12千米;1990—2020 年,则又向东北移动了 140.16 千米。总体来看,1964—2020 年,我国老龄人口重心向西向南移动了 92.33 千米(见表 18)。1964—1990 年的老龄人口重心变化可能与 20 世纪 60 年代和 70 年代的"三线"开发导致青壮劳力向西部和南部迁移有关;而 1990—2020 年我国人口的向东向南移动则应与改革开放后东部沿海地区经济发展迅速,吸引了大批中西部青壮劳力向东部沿海迁移有关,也与沿海地区经济较为发达,居民生活水平较高,医疗条件较好有关。

表 18　1964—2020 年中国老龄人口重心及相关指标重心的变化

人口类型	经纬度值/度						移动距离/千米		
	1964	1982	1990	2000	2010	2020	1964—1990	1990—2020	1964—2020
0—14 岁	113.97˚E	113.10˚E	112.38˚E	112.83˚E	112.66˚E	112.70˚E	173.99	55.57	181.36
	32.97˚N	32.53˚N	32.16˚N	32.19˚N	31.94˚N	31.74˚N	向西南移动	向东北移动	向西南移动
15—64 岁	113.59	113.70˚E	112.31˚E	113.62˚E	113.73˚E	113.49˚E	125.07	111.75	50.88
	32.70˚N	32.87˚N	32.38˚N	32.65˚N	32.61˚N	32.25˚N	向西南移动	向东北移动	向西南移动
65 以上	114.12˚E	113.71˚E	112.62˚E	113.91˚E	113.77˚E	113.90˚E	179.12	140.16	92.33
	33.06˚N	32.52˚N	32.06˚N	32.47˚N	32.55˚N	32.71˚N	向西南移动	向东北移动	向西南移动

（续表）

人口类型	经纬度值/度						移动距离/千米		
	1964	1982	1990	2000	2010	2020	1964—1990	1990—2020	1964—2020
全部人口	115.02°E	113.50°E	112.34°E	113.46°E	113.56°E	113.09°E	296.29	73.47	196.26
	33.19°N	32.74°N	32.30°N	32.53°N	32.50°N	32.49°N	向西南移动	向东北移动	向西南移动
经济	115.19°E	115.04°E	115.17°E	114.96°E	114.86°E	114.37°E	147.80	116.42	248.73
	34.00°N	33.67°N	32.67°N	33.19°N	32.41°N	31.87°N	向西南移动	向西南移动	向西南移动

注：经纬度指的是东经（E）和北纬（N）。

资料来源：根据第二到第七次全国人口普查数据计算。

老龄人口重心与经济重心、老龄人口与总人口重心、老龄人口与劳动人口重心、老龄人口与未成年人口重心之间的相对距离变动表现出一系列特征。

首先，我国老龄人口重心明显偏离经济重心。如表18和表19所示，1964年我国经济重心位于东经115.19度，北纬34.00度，老龄人口重心偏离经济重心144.81千米；1990年我国经济重心位于东经115.17度，北纬32.67度，老龄人口重心偏离经济重心248.75千米；2020年我国经济重心位于东经114.37度，北纬31.87度，两个重心有所靠近，距离缩短为103.26千米。

其次，我国老龄人口重心明显偏离总人口重心。1964年，我国总人口重心位于东经115.02度，北纬33.19度，老龄人口重心与其相距84.99千米；2010年我国总人口重心位于东经113.56度，北纬32.50度，两重心距离缩小到20.45千米。但此后，二者的距离再次扩大。到2020年，我国的总人口重心位于113.09度，北纬32.49度，二者的距离再次扩大到79.67千米。

再次，我国老龄人口重心明显偏离劳动人口重心。1964年我国劳动人口的重心位于东经113.59度，北纬32.70度，老龄人口重心与其相距63.61千米。之后二者之间的距离开始缩短。到2010年，我国劳动人口的重心位于东经 113.73 度,北纬 32.61 度,二者之间的距离仅为 7.67 千米。但此后,二者的距离再次拉大。到 2020 年,我国劳动人口的重心位于东经 113.49 度北纬 32.25 度,二者之间的差距再次拉大到 63.95 千米,这一阶段是变化最剧烈的。

最后,我国老龄人口重心明显偏离未成年人口重心。1964 年我国未成年人口重心位于东经 113.97 度,北纬 32.97 度,老龄人口重心与其相距 17.19 千米。此后两个重心进一步偏离。到 2020 年,我国未成年人口重心变为东经 112.70 度,北纬 31.74 度,二者的偏离距离达到了 156.21 千米。这种未成年人口重心不断偏离老龄人口重心的情况,也是地区老龄化程度加深的重要原因之一。

表 19 不同重心间的距离及变化
单位:千米

两重心间距离	1964	1982	1990	2000	2010	2020
老龄人口与经济	144.81	177.93	248.75	126.54	103.35	103.26
老龄人口与总人口	84.99	31.37	37.48	42.70	20.45	79.67
老龄人口与劳动人口	63.61	38.90	45.98	33.73	7.67	63.95
老龄人口与未成年人口	17.19	57.16	25.17	106.07	124.41	156.21

资料来源:根据全国第二到第七次全国人口普查数据计算。

注:j指标的重心可表达为(X_j, Y_j),其中$X_j = \sum_i^N a_i \times b_{ij} / \sum_i^N a_i$,$X_j$为j指标的重心的经度,$a_i$为i区的经度,$b_{ij}$为i区j指标经度.$Y_j = \sum_i^N c_i \times d_{ij} / \sum_i^N c_i$,$Y_j$为j指标的重心的纬度,$c_i$为i区的经度,$d_{ij}$为i区j指标纬度.

总体而言,我国老龄人口重心自 20 世纪 60 年代以来,随着时间的推移在不断变化。这种变化总体呈现为整体向南向西移动;其与经济重心、劳动人口重心和未成年人口重心的偏离是加重地区老龄化,使老龄化问题凸显的重要原因。

（六）小结

从国内区域分布来看，中国老龄人口与 0—14 岁人口的地域结构出现明显偏移，主要表现为老龄人口重心向东偏北移动，而 0—14 岁人口重心向西偏南移动。这既是由于我国东部地区经济相对发达，人口出生率较低，中西部地区经济相对落后，人口的出生率相对较高有关；也与我国人口主要分布在瑷珲—腾冲连起的胡换庸线（现黑河—腾冲一线）以东，主要的城市群集中在东部，15—64 岁劳动力人口长期往"东南飞"有关。

不同地区的老龄化程度不同，促使各地区老龄化的机制存在差异性，进而对当地的社会经济发展产生了不同的影响。老龄人口重心和 0—14 岁人口重心的偏离，加剧了我国老龄化的地区显化程度，使老龄人口抚养比的区域差异明显，而不同地区承载老龄化的经济基础亦存在明显差异，这对那些经济发展水平低而年轻人口大量迁出导致的老龄化程度较高的地区而言，养老问题特别突出。

我国老龄化问题凸显于时空结构与经济、资源、抚养压力等结构的偏离上。从时间上看，与世界其他国家相比，我国老龄化进程过快；从空间上看，我国老龄化进程存在明显的区域差异，突出表现在三大地带内部的老龄人口的差异不断增大，也突出表现在老龄人口的时空结构与未成年人口时空结构的不断偏离，老龄人口的时空结构与经济结构的明显偏离。目前，这两个属性已经十分明显，需要尽快设法予以扭转。

老龄化及其养老问题是我国当前及未来较长时间内必须要着力应对的重大社会经济问题。有效解决愈益凸显的养老问题是保障社会经济可持续发展，保障民生和增进国民福利的重要举措。从当前老龄人口的地域结构出发，要解决养老问题就需要加强区域老龄事业和老龄产业规划，加强养老产业开发，更好地满足老龄人群日益增加的养老数量与质量需求。

三大都市圈人口老龄化比较

郑育家　周晓宇

长三角、珠三角、京津冀地区是中国经济的精华所在,也是人口高度集中的区域。这三大都市圈人口老龄化问题的解决对全国人口老龄化问题的解决至关重要。本章主要对三大都市圈人口老龄化的特征进行比较分析,概括其基本规律和异同。

(一)长三角区域人口老龄化特征

1. 人口老龄化现状

长三角三省一市是中国经济发展水平最高的地区,改革开放四十多年来,总体上一直都是人口流入区,但人口老龄化问题也不容乐观。根据第七次全国人口普查结果,长三角三省一市 60 岁及以上老年人口占比情况是:上海市老龄化程度最高,60 岁及以上老年人口占比为 23.40%;其次为江苏、安徽、浙江,60 岁及以上老年人口占比分别为 21.84%、18.79%和 18.70%(见图 1)。其中,上海市 2020 年常住人口为 2487.09 万人,60岁及以上人口为 581.55 万人,占 23.4%,而 65 岁及以上人口为 404.90 万人,占 16.3%。与 2010 年第六次全国人口普查相比,60 岁及以上人口的比重提高 8.30 个百分点,65 岁及以上人口的比重提高 6.20 个百分点,增长迅速。

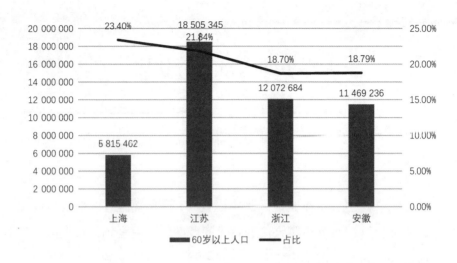

图 1　长三角地区 60 岁及以上老年人口绝对数及占比

资料来源:根据第七次全国人口普查数据计算并绘制。

从老年人口绝对数及占比上来看,江苏的老龄化人口占比最高。60 岁及以上人口为 1850.53 万人,占 21.84%,其中 65 岁及以上人口为 1372.65 万人,占 16.20%。与 2010 年第六次全国人口普查相比,60 岁及以上人口的比重上升 5.85 个百分点,65 岁及以上人口的比重上升 5.32 个百分点。浙江省和安徽省的 60 岁及以上老年人口绝对数及占比相近。浙江省在第七次全国人口普查时,60 岁及以上人口为 1207.27 万人,占 18.70%,其中 65 岁及以上人口为 856.63 万人,占 13.27%。与 2010 年第六次全国人口普查相比,60 岁及以上人口比重上升 4.81 个百分点,65 岁及以上人口比重上升 3.93 个百分点。安徽省在第七次全国人口普查时,60 岁及以上人口为 1146.92 万人,占 18.79%,其中 65 岁及以上人口为 915.94 万人,占 15.01%。与 2010 年第六次全国人口普查相比,安徽省 60 岁及以上人口的比重上升 3.78 个百分点,65 岁及以上人口的比重上升 4.78 个百分点。

2. 人口老龄化变化趋势

除老年人口绝对数以及老年人口占总人口比例这两个指标之外,老年人口占比的变化趋势对于判断某个地区未来的老龄化程度至关重要。通过对近 20 年老年人口占比的数据分析可以发现,2017 年以来,长三角地区 65 岁及以上老年人口占比排序基本稳定,但 2017 年之前这一数据变化较大。2011 年以前,上海的老年人口占比趋于下降,并于 2011 年达到最低,此后一路上升直至 2017 年居于长三角三省一市首位。造成这些现象的原因一方面是上海市自身的人口红利,另一方面是 2011 年以前上海市的人口流入较大,之后外来年轻人口流入速度逐步下降。2009—2015 年是上海老年人口占比相对变化最剧烈的时期,2009 年上海的老年人口占比在长三角三省一市居于首位,2010—2011 年快速下降,到 2011 年下降到三省一市的最低位,此后在波动中上升,到 2015 年再次上升到首位。值得注意的是,近十年来长三角三省一市的人口老龄化占比均快速上升,2020 年比 2011 年高 5—9 个百分点(见图 2)。

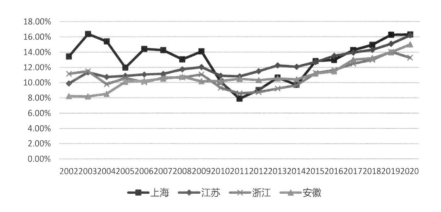

图 2 长三角地区老年人口占比变化趋势(65 岁及以上)

资料来源:根据中国第七次全国人口普查各省市数据计算。

（二）京津冀地区人口老龄化特征

1. 人口老龄化现状

根据第七次全国人口普查数据，北京市 2020 年 60 岁及以上人口为429.86 万人，占 19.60%，其中 65 岁及以上人口为 291.21 万人，占13.30%。与 2010 年第六次人口普查相比，0—14 岁人口的比重上升 3.30个百分点，15—59 岁人口比重下降 10.40 个百分点，60 岁及以上人口比重上升 7.10 个百分点，其中 65 岁及以上人口比重上升 4.60 个百分点。天津市 60 岁及以上人口为 300.27 万人，占 21.66%，其中 65 岁及以上人口为 204.57 万人，占 14.75%。与 2010 年第六次人口普查相比，0—14 岁人口比重上升 3.67 个百分点，15—59 岁人口比重下降 12.31 个百分点，60 岁及以上人口比重上升 8.64 个百分点，其中 65 岁及以上人口比重上升 6.23 个百分点。河北省 60 岁及以上人口为 1481.20 万人，占 19.85%，其中 65 岁及以上人口为 1038.79 万人，占 13.92%（见图 3）。与 2010 年第六次全国人口普查相比，0—14 岁人口比重上升 3.39 个百分点，15—59岁人口比重下降 10.24 个百分点，60 岁及以上人口比重上升 6.85 个百分点，其中 65 岁及以上人口比重上升 5.68 个百分点。

京津冀和长三角地区老龄化程度呈现出不同的特点。根据第七次全国人口普查的数据，作为长三角中心城市的上海，其老年人口占比在长三角三省一市中也是最高的，但同样作为中心城市的北京市，其老年人口占比在京津冀一省两市中却是最低的。原因可能有以下两个方面：一方面，北京作为首都，国家各部委和相关职能部门、科研机构、央企、其他大量的行政事业单位众多，在这些单位就业的人员中青年居多。同时，作为年轻人比例最高的单位——高校，北京的数量也比上海的多。另一方面，相对而言，京津冀一省两市的经济发展程度差异巨大，而长三角三省一市的发展则更为均衡。这也使得天津市和河北省的大量劳动力人口流入北京,而在长三角地区,江苏、浙江的经济发达程度也居全国前列,从而使得长三角区域内年轻人口的极化程度弱于京津冀地区。在长三角地区,安徽省的经济发展程度比较低,但安徽省的劳动力流出的选择地较多,除了上海之外,江苏、浙江也是劳动力的理想去处。在京津冀地区,虽然天津的人均地区生产总值仅次于浙江和江苏,但是天津地区生产总值的总量、区域面积以及人口总量无法和浙江、江苏相比。

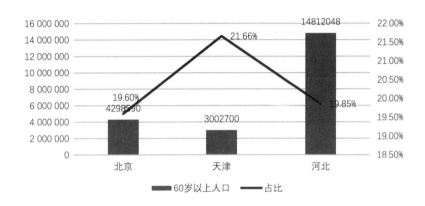

图 3 京津冀地区 60 岁及以上老年人口绝对数及占比

资料来源:根据第七次全国人口普查各省市数据绘制。

2. 人口老龄化变化趋势

从变化趋势上看,京津冀地区人口老龄化也呈现出与长三角不同的特点。首先,作为中心城市的北京市,老年人口占比在区域中长期处于低位,而天津市老年人口占比则长期处于高位。而在长三角,作为中心城市的上海,老年人口占比则处于高位。根据 2018 年以来的变化趋势,天津市的人口老龄化呈现出加速上升的态势,而北京市的人口老龄化加速度稍弱于天津市,与此同时,河北省虽然经济水平较低,但人口老龄化速度也最为缓慢。其次,从 65 岁及以上老年人口占比来看,京津冀地区都处于 14% 及以下(见图 4),而长三角的上海市和江苏省已经超过 16%。最后,从加速度来看,京津冀地区老年人口占比的趋势线斜率要高于长三角地区,这意味着京津冀地区的人口老龄化严重程度虽然低于长三角地区,但呈现出加速上升的趋势。

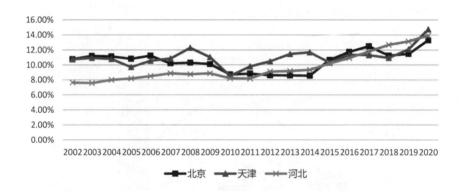

图 4 京津冀地区 65 岁及以上老年人口占比变化趋势

资料来源:根据两市一省人口统计数据绘制。

(三) 珠三角地区人口老龄化特征

1. 人口老龄化现状

由于珠三角地区均属于广东省(不包括香港和澳门),其人口老龄化比较主要在城市之间进行。不过,根据世界银行的世界发展指标数据库中的数据,香港 60 岁及以上老年人口占比为 18.20%,在全球国家和地区中排名第三十五位,澳门 60 岁及以上老年人口占比为 11.97%,在全球国家和地区中排名第七十一位。因此,即使包括香港和澳门的数据,粤港澳大湾区的人口老龄化程度也低于京津冀和长三角地区。根据第七次全国人口普查数据,珠三角的人口老龄化程度在三大都市圈中最轻。广东全省 60 岁及以上人口为 1556.51 万人,占比为 12.35%,其中 65 岁及以上人口为 1081.30 万人,占比为 8.58%。与 2010 年第六次全国人口普查相比,0—14 岁人口的比重上升 1.97 个百分点,15—59 岁人口的比重下降 4.59 个百分点,60 岁及以上人口的比重上升 2.62 个百分点,65 岁及以上人口的比重上升 1.79 个百分点。因此,无论是目前的老龄化程度,还是过去十年老龄化的上升速度,珠三角地区都比长三角和京津冀地区低。

为进一步比较珠三角主要城市的人口老龄化程度,我们选择了珠三角九座城市(广州、深圳、中山、珠海、东莞、惠州、肇庆、佛山、江门)的统计数据进行分析,发现这九座城市的老年人口占比均低于全国平均水平。如图 5 所示,在这九座城市中,广州市老年人口总数最多,但 60 岁及以上老年人口占比最高的是江门市和肇庆市,分别为 18.26% 和 16.41%。人口老龄化程度最低的是深圳市,其老年人口占比为 5.36%;其次是东莞市,占比为 5.47%。与其他两大都市圈相比,珠三角的人口老龄化程度最低主要得益于近年来更多的年轻人口流入。珠三角作为中国经济最活跃的地区,同时也是市场化最为充分的地区,近年来吸引了全国各地的年轻人。以深圳最为典型,2010—2020 年,深圳市人口从 1042.40 万人上升到 1756.01 万人,人口增长 68.46%,而同期全国人口仅增长 5.38%。十年间,深圳人口增加了约 714 万人,全国增加了 7206 万人,深圳一个城市增加的人口几乎是全国同期增加的十分之一。深圳是一座年轻的城市,流入的人口绝大多数也都是年轻人。整个珠三角地区基本上都是这种情况,大量年轻的外来人口大大稀释和减缓了其老龄化。

2. 人口老龄化变化趋势

珠三角虽然是我国人口最年轻的地区,但自 2001 年第五次全国人口普查以来,各城市的老年人口占比也在上升,只是上升速度相对长三角和京津冀地区更为缓慢。通过对最近三次人口普查数据进行对比可以看出,全部九座城市的老年人口占比均呈上升趋势。以人口最年轻的深圳

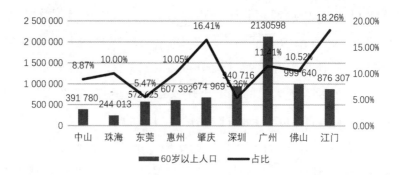

图 5　珠三角地区主要城市 60 岁及以上老年人口绝对数及占比

资料来源：根据第六和第七次全国人口普查数据绘制。

市为例，2000 年第五次人口普查时 65 岁及以上老年人口占比仅为 1.23%，2010 年第六次全国人口普查时老年人口的占比已上升到 1.79%，而 2020 年第七次全国人口普查时老年人口占比已上升到 3.22%。广州市三次全国人口普查的老年人口占比分别为 6.10%、6.67% 和 7.82%（见图 6）。

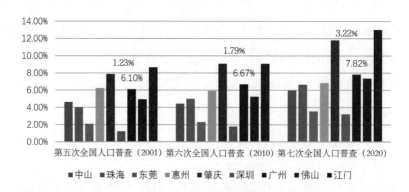

图 6　珠三角地区老年人口占比变化趋势（65 岁及以上）

资料来源：根据第五、第六、第七次全国人口普查数据绘制。

（四）三大都市圈人口老龄化差异

1. 老年人口规模及其占比

根据第七次全国人口普查,长三角、京津冀和珠三角三大都市圈 65 岁及以上老年人口占全国的 1/3 以上。三大都市圈 65 岁及以上人口的数量分别为 3550.13 万、1534.57 万和 504.26 万,占地区总人口的比例分别为 15.10%、13.90% 和 6.47%,占全国老年人口的比例分别为 18.62%、8.05% 和 2.65%（见图 7）。

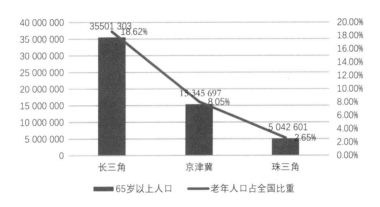

图 7　三大都市圈 65 岁及以上老年人口数量及占全国老年人口比例

资料来源:根据第七次全国人口普查数据计算并绘制。

为了进一步比较三大都市圈人口老龄化情况,我们比较了三大都市圈的三个相对系数:65 岁及以上人口占区域总人口比重、65 岁及以上老年人口占全国相应人口比重,以及区域总人口占全国总人口比重。

从图 8 可以看出,三个比例系数没有交叉。其中,京津冀在三大都市圈中都处于中间位置,介于长三角和珠三角之间。以长三角为例,其三省一市总人口占全国 16.65%,但老年人口占全国的 18.62%,可见长三角的老龄化程度高于全国平均水平,同时在三大都市圈中也处于最高位置。如果以 65 岁及以上人口占区域总人口比重来看,则长三角、京津冀和珠三角分别为 15.10%、13.90% 和 6.47%。珠三角总人口占全国人口的 5.52%,但老年人口仅占全国的 2.65%,表明珠三角的人口老龄化显著低于全国平均水平。

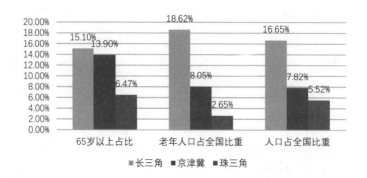

图 8 三大都市圈 65 岁及以上老年人口占比比较

资料来源:根据第七次全国人口普查数据计算并绘制。

2. 四大一线城市人口老龄化情况比较

学术界和公众公认的四个一线城市北京、上海、广州和深圳均位于三大都市圈内。在此,我们对这四个一线城市的 65 岁及以上人口占比和老年抚养比作了统计分析(见图 9 和图 10)。

可以看出,四大一线城市老龄化差异非常大。人口老龄化最严重的是上海,其次是北京。广州和深圳的 65 岁及以上人口占比大幅度低于北京和上海。其中人口结构最老的上海,其老龄化程度是人口结构最年轻的深圳的 5 倍多。

一个城市的老年抚养比反映的是该城市的全社会养老负担情况。从四大城市的老年抚养比来看,相互之间的差距和它们的老龄化程度类似。由于劳动人口的结构性差距,四大一线城市的老年抚养比差距甚至比人口老龄化程度差距还要大。例如,上海 65 岁及以上老年人占上海总人口的比重是深圳这一比重的约 5.06 倍,而前者的老年抚养比则是后者的约 5.59 倍(见图 10)。

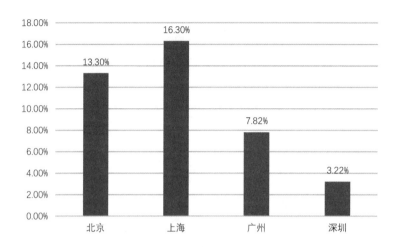

图 9　四大一线城市 65 岁及以上老年人口占比

资料来源:根据第七次全国人口普查数据计算并绘制。

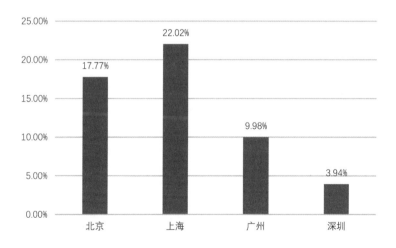

图 10　四大一线城市老年抚养比

资料来源:根据第七次全国人口普查数据计算并绘制。

3. 三大都市圈的养老负担比较：老年抚养比

根据第七次全国人口普查数据计算，2020 年，长三角、京津冀和珠三角三大都市圈的老年抚养比分别为 21.65%、20.33% 和 8.28%（见图 11）。由于长三角和京津冀的老年人口占比较高，因此每一个劳动人口抚养的老年人口数量较高，从而其老年抚养比也较高。相比之下，珠三角的老年抚养比仅为 8.28%，意味着珠三角在三大都市圈中的养老负担最轻。

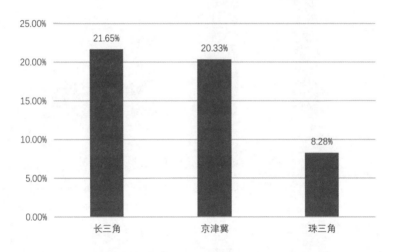

图 11　大都市圈老年抚养比

资料来源：根据第七次全国人口普查数据计算并绘制。

（五）小结

三大都市圈总体上是中国经济发展水平最高的地区，人口集聚程度高，老年人口规模大，但三大都市圈的老龄化不仅在程度上有很大差异，在结构上的差异也比较明显。

三大都市圈中，珠三角的老龄化程度最轻，广东全省 60 岁及以上老龄人口占比仅 12.35%；长三角和京津冀的老龄化程度接近，按省市加权的 60 岁及以上人口占比分别为 20.35% 和 20.04%。但三大都市圈老龄化程度的内部结构差异明显。其中珠三角内部差异最大,以城市为单位,60 岁及以上人口占比最高的江门市为 18.26%,而占比最低的深圳仅为 5.36%,两者相差 12.90 个百分点。在长三角三省一市中,60 岁及以上人口占比最高的上海市为 23.38%,占比最低的浙江省为 18.70%,两者相差 4.68 个百分点。相比之下,京津冀两市一省内部的老龄化程度差异最小。60 岁及以上人口占比最高的天津市为 21.66%,占比最低的北京市为 19.63%,两者仅相差 2.03 个百分点。

另外,三大都市圈的中心城市老龄化程度表现不同,不仅本身的差别明显,而且在都市圈内部的地位也有差异。上海、广州、北京作为各自都市圈的中心城市,60 岁及以上人口占比分别为 23.38%、11.41%、和 19.63%。其中上海是长三角都市圈老龄化程度最高的城市,广州并不是珠三角老龄化程度最高的城市,北京甚至是京津冀都市圈中老龄化程度最低的城市。

上述三大都市圈老龄化程度的总体特征以及内部结构差异是未来养老行业布局的重要依据,无论养老基础设施还是其他资源的配置,都应关注到这种特征及其变化趋势。

养老行业发展的区域特征及服务体系建设

唐锦玥　罗守贵　谈义良

（一）养老资源的区域分布特征

养老资源的分布与老人的养老便捷程度息息相关,包括养老机构、社区服务机构、医疗机构、护理机构等多个类别。基于老龄人口的主要养老需求,本章从养老机构服务、社区服务、医疗服务、护理服务四个层面综合考虑,构建养老资源配置指标体系。该体系包括四个一级指标和八个二级指标(见表1)。

表 1　养老资源配置测度指标体系

序号	一级指标	二级指标
1	养老服务	养老机构单位数
		养老机构床位数
2	社区服务	社区卫生服务机构数
		社区卫生服务床位数
3	医疗服务	医疗机构数
		医疗机构床位数
4	护理服务	护理机构数
		护理机构床位数

各指标的资料来源为 2021 年《中国统计年鉴》《中国民政统计年鉴》和《中国卫生健康统计年鉴》。为便于比较各省养老资源的丰裕程度,我们首先根据总量数值,将各指标按等权、标准化处理并乘以 100,并计算各类养老资源的指标平均值从而得到按总量计算的养老资源配置指数;其次根据每万人养老资源数值,按照相同方法计算得到按每万人计算的养老资源配置指数(见表 2)。

表 2 各地区养老资源配置指数

地区	按总量计算的配置指数		按每万人计算的配置指数	
	指数	排名	指数	排名
北京市	18.28	21	25.74	20
天津市	8.20	27	39.16	8
河北省	41.38	9	13.82	29
山西省	21.09	18	9.39	30
内蒙古自治区	16.63	23	32.63	11
辽宁省	33.86	11	45.25	5
吉林省	19.00	20	43.52	6
黑龙江省	28.27	13	46.15	4
上海市	29.06	12	29.94	15
江苏省	83.63	1	35.83	9
浙江省	51.64	5	31.80	13
安徽省	46.76	7	60.91	1
福建省	16.78	22	28.61	17
江西省	23.95	14	35.77	10
山东省	65.68	2	51.07	3
河南省	58.12	3	23.28	24
湖北省	39.30	10	39.32	7
湖南省	44.78	8	51.24	2

（续表）

地区	按总量计算的配置指数		按每万人计算的配置指数	
	指数	排名	指数	排名
广东省	47.56	6	27.61	18
广西壮族自治区	15.02	24	14.19	28
海南省	2.73	28	17.37	27
重庆市	23.17	16	31.84	12
四川省	52.22	4	23.95	23
贵州省	22.68	17	30.51	14
云南省	23.66	15	22.62	25
西藏自治区	0.00	31	27.22	19
陕西省	20.51	19	29.88	16
甘肃省	11.28	26	7.02	31
青海省	1.81	30	20.31	26
宁夏回族自治区	2.36	29	25.37	21
新疆维吾尔自治区	13.93	25	24.89	22

养老资源配置指数较全面地衡量了各省养老资源的完备程度,按总量计算的配置指数的各省平均值为28.49,按每万人计算的配置指数的各省平均值为30.52。根据按总量计算的配置指数,江苏省的养老资源配置最为完备,养老资源配置指数高达83.63,远高于位列第二名的山东省(65.68)。河南省(58.12)、四川省(52.22)和浙江省(51.64)是其他三个指数超过50的省份,依次位列第三名至第五名。天津市(8.20)、海南省(2.73)、宁夏回族自治区(2.36)、青海省(1.81)和西藏自治区(0.00)的养老资源配置指数最低,是养老资源最不完善的五个省份。

根据按每万人计算的配置指数,各省排名顺序有所变化。其中,安徽省的养老资源配置指数高达60.91,排名前五的还有湖南省(51.24)、山东省(51.07)、黑龙江省(46.15)和辽宁省(45.25)。此外,海南省(17.37)、广西壮族自治区(14.19)、河北省(13.82)、山西省(9.39)和甘肃(7.02)的养老资源配置指数最低,即人均养老资源配置最不完善。值得注意的是,四个直辖市的两个指数的排名大都在十名之外,未表现出良好的养老资源配置优势。其中,上海市分别位列第十二名和第十五名,重庆市位列第十六名和第十二名,北京市位列第二十一名和第二十名,天津市分别位列第二十七名和第八名。

(二)养老资源与养老需求的匹配情况

各省老龄人口规模较为直观地反映了养老需求强弱,老龄人口越多、养老需求越大。其中,山东、四川、江苏、河南、广东的老龄人口规模最大,这与各省较大的人口基数有关。天津、新疆、海南、宁夏、青海的老龄人口规模最小,均少于200万人。此外,各省老龄化程度和老年抚养比分布如图1所示,老龄化程度为65岁及以上人口占总人口的比重,老年抚养比为65岁及以上人口与15—64岁劳动人口的比值。老龄化程度较高的省份依次为辽宁、重庆、四川、上海、江苏,其中,辽宁的老龄化程度最高、老龄人口占比为17.42%,其他四个省市的老龄人口占比也均高于16%。老龄化程度较低的省份有宁夏、青海、广东、新疆、西藏,老年人口占比均在10%以下。老年抚养比较高的省份为重庆、四川、辽宁、江苏、山东,老年抚养比较低的省份为宁夏、青海、广东、新疆、西藏,以老年抚养比衡量得到的排名结果与以老龄化程度的结果高度相似。

由此可知,第一,由于区域经济发展和劳动人口就业机会的不平衡,近年来中国省际人口流动保持着由欠发达地区到发达地区、由中西部到东南沿海的迁移特征,并造成了东北、中西部劳动力迁出,老龄人口占比上升的总体特征。例如,由于资源枯竭、产业转型滞后等问题,辽宁省的人口容易被其他省份的就业机会吸引而迁出。其中,抚顺市作为曾经的

"煤都",近10年来人口流失达到19%。东南沿海各省份则形成劳动力迁入、老龄人口占比降低的总体特征。例如,深圳在过去10年内吸收了大量全国其他地区的劳动人口,人口增量接近70%,使其成为全国人口最年轻的城市。第二,特大城市老龄化程度较高与其当地人口较高的生活成本和育儿成本有关,一个典型的例子是老龄化程度位居前列的上海。较高的房价和生活成本降低了年轻人口的生育意愿,生育率明显偏低,从而形成老龄人口占比高、儿童占比低的人口结构。

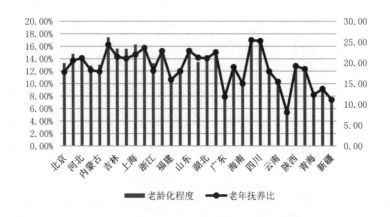

图 1　各省份老龄化程度与老年抚养比

资料来源:根据第七次全国人口普查数据绘制。

　　在实践中,人均水平的养老资源更具有意义,能够综合表征养老资源与养老需求的匹配情况(见图2)。因而,本文对于按每万人计算的配置指数进行拓展分析。养老资源与养老需求的匹配程度较高的省份为安徽、湖南、山东、黑龙江、辽宁,养老资源与养老需求的匹配程度较低的为海南、广西、河北、山西和甘肃。具体而言,各地区不同养老资源与养老需求的匹配程度有所不同。其中,①养老服务资源匹配程度最高的地区为山东、黑龙江、吉林、湖北、河南、安徽、湖南,位列人均养老机构单位数或床位数的前五名。②社区服务资源匹配程度最高的地区为辽宁、天津、江苏、广东、重庆、安徽、江西、浙江、湖南、内蒙古,位列人均社区卫生服务单位数或床位数的前五名。③医疗服务资源匹配程度最高的是上海、广东、福建、西藏、山东、吉林、黑龙江、贵州,位列人均医疗机构数或医疗机构床位数的前五名。值得注意的是,上海虽然在养老资源总体匹配程度最高上排名靠后,但是在医疗服务资源上匹配较好。④护理服务资源匹配程度最高的是湖南、安徽、天津、陕西、湖北,位列人均护理机构数和护理机构床位数的前五名。

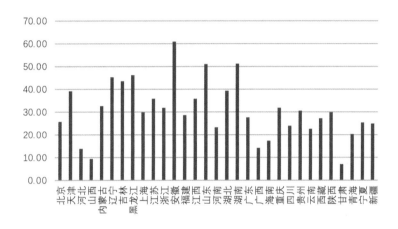

图2 各省份养老资源与养老需求的匹配情况

总体而言,养老资源与养老需求的匹配程度具有以下特征。第一,我国养老资源匹配水平呈阶梯式分布,即东部的资源匹配水平高于中部,而中部普遍高于西部。养老资源高水平发展区域主要集中在东部沿海省份,内陆地区中四川、湖南、湖北的养老发展水平处于领先地位,包含青海、甘肃、宁夏、西藏等省份在内的西北地区相对落后,是我国养老发展水平较低的区域。第二,由于不同区域经济、财政支持、人口规模等诸多外部因素的差异化影响,不同省份之间形成了养老资源匹配水平的明显差异。养老资源匹配较好的地区往往区域经济较为发达,如安徽、山东作为近年 GDP 较高的两个省份,各类养老资源匹配程度排名大都位于前列。而海南、广西的各类养老资源匹配不足,与其经济发展水平较为落后相关。第三,直辖市并未表现出明显的养老资源配置优势,上海在医疗资源匹配水平排名中位列前五,北京、天津、重庆的养老资源匹配依然较为欠缺。

(三)区域养老服务体系建设

1. 区域养老服务政策

经过多年的努力,中国在养老产业方面的政策体系逐步完善,政府对养老产业的支持力度逐步加大。养老已经成为政府重点支持的一个产业,国家通过加大政策引导和财政支持,完善投融资政策,落实税收优惠政策,引导社会资金进入养老产业,促进养老企业和社会组织发展,为养老产业的发展营造良好的基础和条件。自 2014 年开始,国务院办公厅先后出台《加快发展商业养老保险的若干意见》《全面放开养老服务市场提升养老服务质量的若干意见》等文件,相关部委出台了《推动养老服务产业发展的指导意见》《推进医疗卫生与养老服务相结合的指导意见》等指导性文件。中共十九大召开后,国家对于养老产业发展重视程度进一步上升,2017 年出台《加快发展商业养老保险的若干意见》,2019 年出台《推进养老服务发展的意见》,2020 年出台《促进养老托育服务健康发展的意见》《建立健全养老服务综合监管制度促进养老服务高质量发展的意见》等,进一步推动养老产业发展(见表 3)。

表3 与养老服务相关的部分国家政策列举

序号	政策名称	出台部门	年份	主要内容
1	《关于加强新时代老龄工作的意见》	中共中央、国务院 国务院公报2021年第34号	2021	积极培育银发经济,加强规划引导,发展适老产业
2	《促进养老托育服务健康发展的意见》	国务院办公厅 国办发〔2020〕52号	2020	健全老有所养、幼有所育的政策体系,扩大多方参与、多种方式的服务供给;打造创新融合、包容开放的发展环境;完善依法从严、便利高效的监管服务
3	《建立健全养老服务综合监管制度促进养老服务高质量发展的意见》	国务院办公厅 国办发〔2020〕48号	2020	加快形成高效规范的市场,发布12项养老服务国家标准,强化政府主导责任,压实机构主体责任,发挥行业自律和社会监督作用,实现"民政牵头、归口负责"
4	《推进养老服务发展的意见》	国务院办公厅 国办发〔2019〕5号	2019	主要从深化放管服改革,拓宽养老服务投融资渠道,扩大养老服务就业创业,扩大养老服务消费,促进养老服务高质量发展五个方面促进养老服务发展

（续表）

序号	政策名称	出台部门	年份	主要内容
5	《全面放开养老服务市场，提升养老服务质量的若干意见》	国务院办公厅国办发〔2016〕91号	2016	全面放开养老服务市场，大力提升居家社区养老生活品质，全力建设优质养老服务供给体系，切实增强政策保障能力，加强监管和组织实施

各省也相继采取了多种措施来推动区域养老服务体系建设，并不断探索和优化当地养老模式。以上海为例，作为老龄化程度最高的超大城市之一，上海市政府相对较早地开始进行养老产业政策体系构建与规划。经过多年的努力，上海市形成了相对完善的老人长期照护政策，出台认知障碍床位补贴为失能老人提供差异化的补贴措施，在引导养老服务产业发展的同时，高度重视养老产业的监管。2020年发布的《关于促进本市养老产业加快发展的若干意见》提出20条举措，涉及房产、旅游、教育辅助用具、养老照护等五个重要领域，针对老年人支付能力提出涵盖多层次养老保险、养老普惠金融、长期护理保险、老年人消费需求提升等数项举措。同时，重点完善居家、社区、机构的养老服务体系建设，推动老龄产业高质量发展。

上海市"十四五"养老产业发展重点强调要持续增加养老服务供给，不断满足老年人日益增长的高品质养老服务需求的愿望等几个方面。具体内容包括：一是持续推动智慧健康养老产业发展，拓展信息技术在养老领域的应用，制定智慧健康养老产品及服务推广目录，开展智慧健康养老应用试点示范。促进人工智能、物联网、云计算、大数据等新一代信息技术和智能硬件等产品在养老服务领域深度应用。二是推动老龄产业高质量供给。坚持老龄事业和老龄产业双轮驱动，推动养老产业与其他产业融合发展,多渠道、宽领域扩大产品和服务供给。三是继续推进养老产业发展,加大长三角地区养老服务合作力度,大力推动异地养老。四是进一步推进康复辅助器具产业发展,推动长三角康复辅具产业园区建设。五是打造高素质的养老产业人才队伍,加强养老产业人才培养,将老年医学、康复、护理人才作为急需紧缺人才纳入人才培训规划,鼓励高等院校和职业院校开设养老服务、康复辅具及与老年人有关的临床、药学、护理、康复、营养、心理等专业和课程,鼓励社会力量参与联合办学。

2. 区域养老服务项目

国家在《"十三五"推进基本公共服务均等化规划》公布了国家标准的基本公共服务项目清单,其中六项与老龄工作相关。此后,全国各地不断完善《规划》提及的几项基本服务项目,包括职工养老保险、老年人健康管理等(见表4)。

表 4 国家标准中与养老服务相关的基本公共服务项目

序号	服务项目	服务人群	服务内容
1	职工基本养老保险	符合条件的参保退休人员	发放基本养老金,包括基础养老金和个人账户养老金,对改革前参加工作、改革后退休的参保人员增发过渡性养老金,建立基本养老金合理调整机制
2	城乡居民基本养老保险	符合条件的城乡居民	发放基础养老金和个人账户养老金。国家最初确定的基础养老金最低标准为每人每月 70 元。根据经济发展和物价变动等情况,建立基础养老金水平合理调整机制

（续表）

序号	服务项目	服务人群	服务内容
3	老年人健康管理	65 岁及以上老年人	提供生活方式和健康状况评估、体格检查、辅助检查和健康指导等健康管理服务。65 岁及以上老年人健康管理率逐步达到 70%
4	老年人福利补贴	经济困难的高龄、失能老年人	对经济困难的高龄老年人,逐步给予养老服务补贴;对生活长期不能自理、经济困难的老年人,给予护理补贴
5	参观文化遗产	未成年人、老年人、现役军人、残疾人和低收入人群	参观文物建筑及遗址类博物馆实行门票减免,文化和自然遗产日免费参观
6	无障碍环境支持	残疾人、老年人等	推进公共场所和设施无障碍改造;对贫困重度残疾人家庭继续开展无障碍改造;逐步开展互联网和移动互联网无障碍信息服务

在国家基本养老政策的基础之上,各省市也开展了自己的区域特色养老服务项目。例如,长三角区域的养老服务项目主要包括养老服务补贴、老年综合津贴、社区居家照护服务、机构照护服务、长期护理保险、老年意外伤害保险、老年人健康管理、征地养老人员补贴、适老化改造等养老服务。而长三角各省市又开展了具有本地特色的养老服务项目,如上海的"老吾老"计划、"老伙伴"计划,江苏苏州的三项惠老保险、南通的"慈映夕阳"项目,浙江各海岛的"海岛支老,一起安好"行动,安徽马鞍山的"15 分钟"智慧养老生态链等。表 5 为部分地区的特色养老服务项目。

表5　部分地区的特色养老项目

序号	地区	养老项目	项目内容
1	上海	"老吾老"计划——家庭照护能力提升项目	以照护服务为核心内容,为社区轻度失能老人及其家属提供家庭照护能力提升辅导;以健康养护、心理疏导为核心内容,搭建自我预防照护体系,为社区潜在被照护对象开展照护实训;对困难家庭提供居家照护入户指导服务
2	上海	"老伙伴"计划	由低龄老年志愿者向高龄老人提供家庭互助服务,开展预防失能、健康科普、精神慰藉等家庭关爱和生活辅助服务
3	上海	家庭照护床位(家庭养老床位)	依托有资质的养老服务机构,将专业照护服务延伸至老年人家中,使老年人家中的床位成为具备"类机构"照护功能的床位
4	上海	"银发无忧"保障计划	向被保险人遭受人身意外伤害事故导致的骨裂、骨折、残疾或身故提供保险金;为被保险人遭受人身意外伤害事故而导致的住院提供护理津贴
5	江苏苏州	三项惠老保险	为符合条件的本市户籍老年人购买人身意外伤害保险、养老机构综合责任保险和居家养老服务组织护理责任保险
6	江苏南通	"慈映夕阳"居家养老服务车赠送项目	计划出资150万元,为崇川、港闸、开发三区21个街道配置居家养老服务业务用车,为居家老人提供送餐、送浴等居家养老服务,让家门口的养老最后一公里得到衔接,直接入户上门,更好地实现家中养老

（续表）

序号	地区	养老项目	项目内容
7	浙江舟山偏远海岛	"海岛支老、一起安好"行动	由养老服务专业水平较高的杭州、宁波、嘉兴、湖州、绍兴五地结对枸杞岛等 15 个舟山偏远海岛，为当地持续输送专业养老人才及相关物资，助力 3 万余名偏远海岛老人共享优质养老服务发展成果，探索养老服务领域共同富裕先行示范
8	安徽安庆	政府购买基本养老服务项目	将生活照料、照护服务、关怀服务 3 类 11 个项目列入政府购买服务项目清单，公开征集家政、护理、配餐等服务供应商 33 家
9	安徽马鞍山	"15 分钟"智慧养老生态链	以"互联网平台＋网格站点"为主架构，以"12345 助老服务热线"为平台，以养老服务中心（站）为载体，以"马上送福"服务团队为品牌，"线上"呼叫与"线下"上门相结合的"一刻钟"居家社区智慧养老服务圈；以"通信终端＋服务商＋远程医疗＋健康管理"为支撑，以提供全天候、"一键式"点单服务为导向，以家庭养老床位、家庭医生签约服务、适老化智能化改造、康复辅具公益租赁、移动式终端服务相融合的居家养老服务模式

（四）区域养老服务模式

1. 上海市："老吾老"计划

"老吾老"计划即依托社区养老服务设施及服务机构，采用多种方式为失能老年人家庭照护提供持续性支持服务，缓解此类家庭的照护压力。自 2018 年在上海市静安区试点开始，已连续开展五批，今年上海仍将继续开展该计划，并形成一定可复制、可推广的工作模式。该计划主要以授课形式提供：①以照护服务为核心内容，为社区轻度失能老年人及其照护者提供家庭照护能力提升辅导；②以健康养护、心理疏导为核心的实训；③居家照护入户指导服务。"老吾老"计划在上海当前"9073"的养老格局下，发挥了家庭养老的基本作用，充分体现了对失能、半失能老年人及其家庭照护者的关爱。

2. 上海市："老伙伴"计划

"老伙伴"计划是互助养老的体现，其全称为"低龄老年志愿者为 20 万高龄老年人提供家庭互助服务项目"，主要是以结对互助的方式由低龄老年志愿者向高龄老年人提供家庭互助服务，是推动社区为老服务，进一步构建"9073"养老服务格局的重要举措。志愿者服务的主要内容包括日常问候、生活指导、应急帮扶和社区活动。这一举措既能帮助高龄老年人预防或降低风险发生，提升高龄老年人生活质量，又能使低龄老年人"老有所为"，充分发挥自己的价值，实现积极老龄化。尤其是在新冠肺炎疫情期间，社区的独居老年人、特困家庭受影响相对较大，"老伙伴"计划的志愿者起到了很大作用。

3. 江苏省苏州市：家庭养老夜间照护床位

苏州市率先探索的"家庭养老夜间照护床位"，弥补了居家养老服务夜间照护空白,打造全时养老服务链。居家养老服务机构成为家庭养老夜间照护的主力军,在老年人最容易发生意外的夜间时段,陪伴照护老年人。2020 年,苏州市民政局发布了《苏州市家庭养老夜间照护床位建设运营管理办法》,以"政府引导、市场运作、普惠适用"三项原则,依托有资质的服务机构,在夜间时段将照护服务延伸至老年人家中,为老年人提供更为舒心而全面的养老服务。

4. 江苏省南通市:"机构＋社区＋居家"链式养老模式

南通市目前的人口老龄化率已超过 30%,进入深度老龄化社会。在推进养老服务供给侧结构性改革的实践过程中,南通市探索出了一条"以机构养老为支撑,通过充分发挥养老机构专业人员、专业设施、专业技术的优势,承接运营养老机构周边的社区日间照料中心和居家养老服务驿站,为居家老年人提供日间照料、助餐助医、康复护理等专业养老服务,形成'养老机构＋社区＋居家'的链式养老服务模式"。简言之,就是将专业的照护服务延伸到家庭中去,满足老年人原居安养的愿望,解决了社区养老服务供应链中存在资源利用率低和供需不平衡的问题,形成了覆盖全市 98% 老年人口的居家和社区养老政策保障体系。

5. 浙江省:"海岛支老,一起安好"养老服务区域协作模式探

浙江是全国最早进入老龄化的省份之一,在千岛之城浙江舟山的一些偏远海岛,老年人口比例超过 80%。由于存在交通不便、渔民上岸转产转业、青壮年陆续外出、老龄化程度较高、专业养老人才缺乏等突出问题,留守老人的养老问题亟待解决。

从 2021 年起,浙江省民政厅组织开展"海岛支老,一起安好"行动,创新探索"海岛支老"模式,率先探索养老服务领域共同富裕先行示范。嵊泗县、普陀区、定海区、岱山县内 13 个偏远海岛分别与养老服务专业水平较高的杭州、宁波、嘉兴、湖州、绍兴五地结对。通过区域养老协作,围绕

服务支老、设施支老、管理支老和文化支老等方面,聚合"政府＋慈善＋社会组织"的力量进行养老协作,参与养老护理服务,完善养老服务设施建设,丰富老人精神生活。"海岛支老"模式目前已惠及 7 万余老年人,为缩小地区差距率先探路,切实提升了海岛老年人的获得感、幸福感。

6. 浙江省:"认知症照护专区"探索认知障碍介护新方向

2022 年 3 月,浙江省民政厅、财政厅联合印发《浙江省认知症障碍照护专区改造实施方案的通知》,鼓励养老机构设立认知症专区。通过在养老机构中建设认知障碍照护专区床位 6000 余张,打造家庭式住养环境,提供针对认知障碍老人的个性化照护、身体残存机能康复训练、生活照料、心理干预、社会交往等专业性、全方位服务,通过数字赋能进行智慧化管理。

通过认知症照护专区建设专项行动,浙江省打造了全方位适老化环境,建立健全老年人照护服务体系,并减轻了失能、失智老年人家庭的经济压力,缓解了浙江省养老服务的供需矛盾,提升了区域养老服务质量。

7. 安徽省:安庆市"三化"创新政府购买服务体制机制

作为第二批全国居家和社区养老服务改革试点,安庆市积极创新政府购买基本养老服务体制机制,探索社会化、多元化、市场化的供给模式,着力满足低收入等特殊困难老年人基本养老服务需求,共享社会发展成果。

安庆市将政府购买的基本养老服务进行了从保障基本到适度普惠的转变,通过出台《安庆市养老服务需求评估规范(试行)》《安庆市社区居家养老服务站建设及服务规范(试行)》《安庆市居家和社区养老服务质量考核办法》等一系列改革政策,对服务对象进行精准定位、实施精准评估,依托精准化施策,实现供需双方有效匹配;规范服务供应商准入条件,培育养老服务品牌,推动产业市场发展,通过规范化管理,有效提升居家养老服务质量;建立第三方评价机制,对政府购买基本养老服务的决策、过程、产出和效果进行全面评价,制订考核办法,细化评价指标,以绩效化为导向,确保公共资金效益发挥。

8. 安徽省:马鞍山"15 分钟"智慧养老生态链

2019 年以来,马鞍山市以居家和社区养老服务改革试点为契机,积极探索"大数据+养老"在居家养老服务领域的实践运用,加快构建覆盖城乡的智慧养老生态链。

构建"互联网平台+网格站点"为主架构,以"12345 助老服务热线"为平台,以养老服务中心(站)为载体,以"马上送福"服务团队为品牌,"线上"呼叫与"线下"上门相结合的"一刻钟"居家社区智慧养老服务圈。探索以"通信终端+服务商+远程医疗+健康管理"为支撑,以提供全天候、"一键式"点单服务为导向,以家庭养老床位、家庭医生签约服务、适老化智能化改造、康复辅具公益租赁、移动式终端服务相融合的居家养老服务模式。不断整合日间照料、短期托养、社区助餐、医养康养结合等养老服务资源,为老人提供紧急救助、生活帮助、精神关爱等多样化、多层次的智慧养老服务。

(五)小结

当前,中国各省份养老资源分布较不平衡。养老资源配置指数从养老机构服务、社区服务、医疗服务、护理服务这四个层面综合考虑,全面地表征了各省养老资源的完备程度。整体上,中国养老资源配置水平存在阶梯式的空间分布结构,即东部的资源配置水平高于中部,而中部普遍高于西部。由于不同区域经济、财政支持、人口规模等诸多外部因素的差异化影响,不同省份之间形成了养老资源配置水平的明显差异。养老资源与养老需求的匹配程度分析表明,对于大多数地区来说,养老资源与养老需求的匹配程度较高,表现在老龄人口数与养老资源配置指数之间具有较高的相关性。然而,部分地区的养老资源与养老需求存在不匹配的问题。养老资源配置充足的省份集中在东部地区,包括东部沿海的江苏、浙江、安徽、上海以及东北部的吉林、黑龙江;养老资源配置不足的省份主要集中在中部地区,如江西、广西等。

面对老龄化程度不断上升并加快的挑战,国家和地区层面均在不断完善养老服务体系建设,优化养老服务政策。国家层面通过加大政策引导和财政支持,完善投资融资政策、落实税收优惠政策,促进养老企业和社会组织发展,为养老产业的发展营造良好的基础和条件。在国家政策和项目建设的基础上,各地也在积极探索具有区域特色、适合本地养老行业发展的模式和具体路径。但养老服务体系建设和完善是一项长期的工作,仍需要从中央到地方的持续努力。

案例分析

九如城集团：迎接银龄增长高峰的战略布局

龚　纯　李　超　张　晶　蒋佳怡　罗　津

（一）背景简介

第七次全国人口普查数据显示，过去十年间，我国 60 岁及以上老年人口增加了 8600 万，上升了 5.4 个百分点。其增长速度之快、增加数量之大不容小觑。到"十四五"期末，我国将进入中度老龄化社会，在此期间，全国第一代独生子女的父母将步入中高龄。而随着 1962—1976 年新中国成立后的第二次出生高峰人口陆续进入老年门槛，将导致 2022—2036 年老年人口更快速地增加。随之而来的养老结构性矛盾日益显著，养老服务问题增多，社会经济负担不断加重。但老龄化程度的加深是挑战更是机遇，即将迎来老年期的这一批长者，消费习惯、思想观念和家庭结构都与之前有了较大转变。从消费习惯方面来看，新一代老年人在时代红利的带动下，逐步从保障型消费转变为享受型消费，更愿意"为品质买单"，智能化、数字化产品备受他们青睐。从思想观念上来看，新一代老年人的养老理念更为开放，对新事物的接受度更高，更注重精神和自我实现层面的需求。而从家庭结构上看，随着城镇化进程的加快，家庭规模小型化、代际结构简单化和居住离散化趋势日益显著，养老方式也随之发生

按：**项目支持**：国家社科基金青年项目：城市社区居家养老的多元要素协同与多维主体联动研究（批准号：22CGL032）。

改变。

面对日益庞大的老年群体和巨大的养老市场需求,众多企业和各类投资者纷纷加入康养赛道,养老相关产品和服务层出不穷。国家也高度重视百姓福祉,不断出台和完善相关法律法规,规范养老市场秩序。近年来,国家先后颁布了《中共中央 国务院关于加强新时代老龄工作的意见》《"十四五"国家老龄事业发展和养老服务体系规划》等纲领性文件,大力发展老龄事业和养老产业。各地响应国家号召,连续出台各类政策举措,推动老龄事业和养老产业健康平稳、高质量发展。九如城集团在发展过程中,尤为重视发展战略布局和业务模式创新,因时而动,抓住时代发展机遇,超视距穿透行业找到发展制高点,抢占先机,布局市场,创建特色服务模式,搭建特色服务体系,夯实发展基础,扎实推进企业创新战略,以过去、当下、未来为三个支点,层层递进,引领行业发展,共同成就亿万幸福家庭。

(二)立足当下:"十年九如城"

1. 全国多点布局

九如城集团是一家医、康、养、教、研、旅相融合的养老服务综合运营商。十多年来,集团紧跟国家发展步伐,不断完善全国业务布局,目前在10多个省份,60余座城市开设康复医院、连锁运营养老机构 200 余家和社区中心 800 余家,拥有员工逾 8000 人,总床位数超 50 000 张,服务惠及百余万家庭。作为一家专业从事养老行业投资及运营的集团公司,九如城集团强调"养老、医疗、健康、教育"四大领域融合,服务内容涵盖医疗康复、养老护理、健康管理、教育培训、管理输出等核心板块。九如城在行业内首创的"四级养老服务体系",以养老综合体为资源载体,城市养老院为运营核心,将服务从机构延伸到社区和家庭,满足一定区域内长者的全生命周期养老需求（两全养老模式），系统性解决养老问题。

2. 服务理念迭代

自 2009 年集团成立以来，九如城已完整实施了四个"三年战略计划"。在此期间，九如城通过专注研究行业模式，探索出符合集团自身的发展之路，架构了完善的养老服务体系，并搭建了完整的人才梯队。通过组建区域化城市公司的方式，九如城建立了成熟的城市运营模式、标准化服务体系。

在过去的十余年时间里，九如城集团对于养老的认知也在不断发生变化：从最初认为养老行业就是全方位解决长者的生活照料问题到把对长者的精神关爱作为服务核心，从单一地为长者提供养老服务向为长者提供精神关怀并帮助其建设幸福家庭。九如城逐步从关心长者到关怀长者家庭，从提供服务型产品到温暖型产品，再到光明型产品。在集团战略调整与行业变革中，九如城不断找寻养老行业的生存发展与解决之道。

3. 要素和能力提升

为迎接即将到来的银龄增长高峰期，养老企业应立足实际，探索符合地区特点的养老模式，并根据多层次多样化需求，实施高效的解决方案，提供高品质的养老服务，为解决社会养老痛点问题做出积极贡献。九如城历经十余年的探索与布局，从"执行方略""机制保障""系统思维"三个维度形成了涵盖运营、服务、智慧、人才、幸福、文化体系的"九如模式"，并通过九如模式的成功运作凸显了养老服务规模化、效率化与品质化的独特优势。

运营优势。九如城集团作为已经积累了十多年运营经验的康养服务综合运营商，其"两全养老模式""四级养老服务体系"和"六位一体创新模式"是运营的强大支撑。通过用体系化解决区域养老问题的发展思路，即以规模化的服务能力获得成本控制优势，以提高企业内资源利用效率实现资源协同效应,以一站式满足全生命周期及多层次养老服务需求树立品牌口碑,以体系化的区域养老解决方案获得与政府对接合作的优势,探索及构建了九如城运营体系,并在发展变化中不断调整。

服务驱动。九如城秉持服务至上的经营理念,针对企业自身特点围绕医养融合养老服务,制定并持续完善服务质量管理和服务标准化体系,顺应我国养老服务专业化、品牌化、连锁化、规模化发展需要;充分发挥养老康复行业头部企业的引领带动作用,陆续承接多地"十四五"老龄事业发展和养老服务体系规划的编制修订项目,积极参与相关行业的国家标准、地方标准申报制定工作,助力提升养老服务标准化水平,推进养老服务业标准化发展,深刻把握新发展阶段的新内涵新要求。

数字管理。九如城的商业模式是智慧嵌入与驱动。集团旗下的智慧养老研究机构——"中科西北星"专注于物联网关键技术在智慧康养领域的研究与应用,其开发的智慧健康养老云服务平台以民政、卫健、医保、养老机构、社区日照中心、平台运营机构、居家服务机构、第三方评估机构、护理机构、康复机构、医疗机构等维度进行划分,根据用户角色提供不同场景中的智能解决方案。公司"智慧健康养老"系列产品已在北京、上海、广东、江苏、浙江等 68 个城市的养老机构、养老社区、养老地产、居家养老、残疾人养老、医养融合等领域广泛应用,助力"养老"变"享老",积极赋能养老行业的数字化、智慧化发展。

机制保障。在人才队伍建设方面,九如城以企业自主培养为主体,根据不同工作性质划分服务型与管理型两大类人才,为打通员工职业发展通道制定了详细的绩效考核激励措施,确立了覆盖院际、区域、集团的企业人才梯队战略,建立了梯次性培养方案和体系化人才开发模式,并将学习型组织建设作为人才培养体系的重要支撑平台之一,增强其获得感和归属感。在思想建设方面,九如城强调从"心"出发,只有初心纯正才能行于正源,以正心奉道为企业价值观内核打造企业文化体系,不断加强员工、团队的心灵建设,提升心灵品质,以光明之心赋能自己和他人。

4. 服务产品创新

九如城坚持以养老综合体为资源载体,系统化地解决区域内养老相关问题,将医养融合服务辐射到城市养老院,延伸到社区和家庭,全面践行"机构—社区—居家"的医养护融合,为老年人打造幸福晚年生活。在十多年的发展和变迁中,九如城顺应老年人实际需求,对养老服务产品进行升级迭代,积极为老龄人口高峰增长期的到来作准备,其中,以综合体迭代和服务理念转变最具特色。

如图 1 所示,九如城综合体设计共有 1.0—4.0 四个版本,如今已更新迭代到 3.0 的数字全龄友好型康养社区。九如城养老综合体 1.0 版本主要以宜兴综合体为代表,其特点是通过"医、康、养、教、研、旅"六位一体,划分康复医院、养老机构、颐养公寓等专业功能模块,为老年人提供生活方面的全方位照顾。随着老年人养老需求的转变和九如城发展理念的升级,九如城在 1.0 的基础上成立了更为精细、可复制的养老综合体 2.0 版——九如城泉山养老综合体(徐州)。该综合体尝试"去地产化",精炼浓缩产品线,以"院中院"的管理模式,有效提升管理和运行效率。泉山综合体以养护中心、康复医院、颐养中心、失智照护中心为四大主体,采用综合养老、医养结合的新模式为老年人提供专业养老服务。前两个版本均已建成并投入使用,而 3.0 版本的综合体目前也都在筹备中。随着老龄人口的增加和家庭结构小型化,相较于之前两个版本,九如城创始人谈义良认为,新版本的升级应当强调数字化、服务化和家庭化,要将打造养老产品的出发点从企业自身过渡到客户需求上,将数字化深度嵌入家庭与生活场景。

图 1　九如城养老综合体 1.0—4.0 版本的发展路径

（三）着眼未来："十年九如家"

1. 实施"九如家"战略创新

近年来，国家强调"以居家养老为基础，社区养老为依托，机构养老为补充"的养老格局。居家养老更多指的是以家庭为核心，社区为依托，专业化服务为支撑的新模式。目前，各地的居家养老服务以政府购买为主，但服务项目固定，服务时间有限，服务范围较窄，无法满足老年人的多样化、多层次养老需求。而新一代老年人更愿意居家养老，更追求品质生活，单纯的政府购买居家养老服务无法与这些需求匹配。因此，社会化购买居家养老服务项目亟须完善，与政府购买服务形成合力，满足新时代老年人个性化养老需求。

家文化是九如城集团重要的企业文化基因，九如城始终致力于深化从养老服务到家庭服务的内涵，以帮助长者实现家庭幸福为导向，推进幸福家庭建设，打造真正利益客户价值的服务产品。九如城以其卓越的前瞻性，将运营重点从机构养老辐射到居家社区养老，积极开展"九如家"创新行动，拓展居家养老服务社会化市场，直击痛点、堵点。在已经布局的社区居家站点基础上，探索居家社区养老服务实践创新，以期完善养老服务体系，拓展养老新格局，系统性解决地区养老问题。从"家"出发，弥补原有家庭的困难和缺憾，帮助长者获得更好的晚年生活。

2. 优化养老布局

加强并优化区域布局。 九如城集团深知想要实现行业引领，必须精耕品牌、精耕效益。没有更大的企业规模，就没有更有影响力的品牌，所提供的产品和服务将逐步失去市场吸引力。为此，九如城集团采用区域化规模布局、连锁运营、合作共赢的方式，已将医疗与养老服务延伸到长三角、珠三角、中西部等多个地区重点城市。与此同时，为谋求更好的企业未来发展，九如城集团将进一步合理优化养老布局，以城市为精准布局单位，打造更多优秀示范项目，创造更多优秀养老服务案例，让九如城品牌深入人心，创造更大效益，服务更多长者。

将养老服务从城市进一步延伸到农村。为了体系化解决区域性养老问题，九如城通过"城市综合体—养老院—社区—居家"四级服务体系搭建"两全养老模式"，实现了一定范围内全区域养老覆盖，使长者得到全生命周期的悉心照护。相较于城市，我国农村养老所面临的形势及问题更为严峻且突出。为顺应社会发展趋势，近年来九如城集团将养老服务从城市进一步延伸到农村。以九如城集团所进入的江苏省徐州市下辖的新沂市为代表，由新沂市政府投资，围绕市区和各镇共建设了七个农村区域性养老服务中心，建设床位约 2300 张，其中九安、瓦窑、棋盘、唐店、阿湖五个养老服务中心均由九如城集团运营管理。在探索农村养老服务的发展道路上，九如城帮助政府部门共同打造了规划完善、管理统一、标准运营的农村养老新样板，为健全县乡村三级农村养老服务网络贡献企业智慧与力量。

3. 打造品质养老生活

品质养老生活可分为两个层级——物质上的品质和精神上的品质。根据马斯洛需求层次理论，待"第二次婴儿潮"这一代人步入老年期，大部分人的生理需求和安全需求已基本得到满足，他们更重视社交需求、尊重需求和自我实现需求。"十四五"期间，多地养老规划中提出，要大力发展老年教育，让老年人实现"老有所为"。九如城充分意识到，未来老年人的需求会更多集中在精神层面，因此，老年教育将会是未来要大力发展的方向之一。老年教育并不是单指教授专业技术知识，按照九如城对老年教育的理解，主要有三个递进层次：一是对老年人养生或兴趣爱好方面的教育；二是针对全社会的养老理念教育；三是生命教育和生死观教育。老年教育不同于青年时期的教育,更多的是帮助老年人找到自己的幸福,挖掘内心最有生命价值的东西。未来,九如城希望可以重新定义养老行业的顶层思想,让养老机构成为教育机构,挖掘并释放每一位老年人心中的光和热。"莫道桑榆晚,为霞尚满天",九如城始终认为,老年人对于社会的价值是宝贵而又无价的。

在生活品质提升方面,九如城将会着重发展智慧养老,依托现已打造好的智慧医康养平台,不断完善其护理评估、人员培训、健康管理等多个板块的功能,全面实现十字花转型,充分利用物联网、云计算和移动互联网等智能化技术,实现线上线下、医养结合的养老服务模式。

4. 持续履行社会责任

九如城坚定认为共创共享与共生共融是养老行业不断创新发展的重要底层逻辑,始终把行业共生理念融入公司发展战略,充分利用市场机制整合行业各方资源,协调行业整体发展,与行业共同成长并为提升行业整体水平做出应有贡献。为迎接即将到来的银龄增长高峰时代,立足养老服务行业需求,积极参与标准起草编制,九如城就标准立项的必要性、可行性、关键技术内容展开深入研究,推动行业向标准化、规范化方向发展,提升养老服务质量;同时,努力成为家庭幸福生活解决方案提供商,关注和挖掘家庭代际关系的内在动力,致力于实现家庭幸福,将产品从服务型转变成温暖型,未来还将通过老年教育让老年人及其家庭习得生命智慧,更好地实现人生价值,推动养老事业进入更高层次发展阶段。

(四)小结

九如城是一个注重前瞻性研究、具有前瞻性眼光的养老企业集团。从研究起步,经过三年研究、三年建设、三年运营,从一个地产集团迅速转型为全力在养老领域里深耕发展、搭建起具有养老服务上下游产业链特性的多元化养老企业集团；迅速实现"医疗、健康、养老、研究、教育、旅居"六大领域融合，首创"两全模式""四级养老服务体系"，与国家"十三五""十四五"养老服务体系建设规划所倡导的发展方向几乎完全一致；迅速从县区级养老服务市场走向全国六十余座城市，不断完善全国布局，抢占全国养老服务市场高地；迅速找到了一条"从养老到养心""从养老到教育"的企业经营哲学自我更新、人才队伍自我培育的健康发展路径。从2012年开始建设，2015年投入运营，九如城进入养老行业迄今已跨越十年时间。"十年九如城"，九如城集团已占据中国养老行业的头部企业位置，具备服务全国百万长者及家庭的居家、社区和机构养老实力，在拥有养老床位数据上雄踞中国第一位置，企业发展要素尤其坚实，行业先发优势、服务体系领先优势尤其突显，为未来十年九如城集团的强势发展奠定了辉煌的实力基础。

　　未来10—20年，集团创始人谈义良先生已作长远战略思考，在"十年九如家"基础上提出了"十年九如人"发展战略规划。"十年九如家"战略的启动，是九如城集团因应中国人口老龄化加速、加重的形势变化，新一代老年人进入养老行列引发的市场需求变更，"银龄增长高峰时代"的银发经济浪潮即将生成，以及各级政府贯彻实施积极应对人口老龄化国家战略，落实"十四五"养老服务发展规划，而作出的企业文化、经营理念、发展战略和服务模式的更新。感知时代之变，先知先觉，因时势而动，一直是九如城制胜法宝。九如城强调九如人要有思想，能够在社会时代之变大背景中面对问题，把思想变成理想，把理想变成可落地的方案和行动。九如城认为，要在养老行业找到细分行业，要在行业纵深中找到一条杂而生、精而细、难而精的发展道路，难而艰辛的、窄而深入的才是集团发展的出路和方向，即业内"众所不欲"而九如城"惟道是从"的个性化、专业化、品牌化的社会购买"九如家"社区居家养老服务。迎接银龄增长高峰时代，为客户创造新需求，为市场创造发展新空间，在市场新空间中找到符合自己成长和发展的土壤,并在未来带领行业发展,推动养老行业发展就是推动社会进步,推动社会进步就是为客户创造幸福,九如城以此认识和行动来"读懂时代",既高屋建瓴又未雨绸缪,用企业的全面创新来建设九如城的"九如家",用"九如家"来解决时代面临的重大难点、堵点、痛点、热点问题,同时也让九如城在发展路上找到最核心的光明大道。

国药康养："数字家床"破解居家医养照护难题

罗 津

（一）企业简介

国药康养是国药控股医疗投资管理有限公司（简称"国控医疗集团"）的全资子公司，集团是一家专门从事医疗机构投资与运营管理的公司，公司现有下属机构涵盖"康复医院、护理院、养护院和护理站、区域医疗中心、生殖专科医院"，主要分布于长三角地区和国内其他重要核心城市。截至 2021 年年底，公司合计拥有床位超过 5000 张。其股东国药控股股份有限公司，2009 年 9 月在香港上市（代码 01099.HK），是中国医药集团核心成员企业，位居 2021 年《财富》中国 500 强第二十二位，是亚洲第一的药品、医疗保健产品分销商和零售商，及领先的供应链服务提供商。

国药康养实业（上海）有限公司（简称"国药康养"）于 2017 年 1 月在上海成立。公司始终坚持医养事业和银发产业相结合，以技术创新为引擎，以集团强大的医疗资源和供应链资源为依托，致力于构建"机构－社区－居家"三位一体的社区综合照护模式，打造从医到康、从院到家、从康到养、从线上到线下、从医疗服务到相关产品，融合共享的价值链。为社区和居家慢性病、失能的老人提供健康管理、康复治疗、专业护理和生活

按：**项目支持**：国家社科基金青年项目：城市社区居家养老的多元要素协同与多维主体联动研究（批准号：22CGL032）。

照顾的整体解决方案。目前国药康养已在上海、苏州、成都、福州、南京、重庆、无锡、天津全国八大城市成功运营 39 家医养结合机构。

国药康养目前在上海市已覆盖 14 个区,总服务老人数量达 10 000 名以上,年服务人次 250 万左右。国药康养在成都市已布局 3 家综合照护中心、5 家医疗护理站,与政府以"政府＋央企"合作形式实现优势互补、互利共赢,促进养老服务高质量发展;采取"兜底＋普惠"服务定位,兜底人群全覆盖,同时面向普通老年群体提供方便可及、价格可负担、质量有保障的普惠养老服务;以政府购买服务撬动老人市场化购买,形成"事业＋产业"双轮驱动,满足老人个性化需求;建设社区居家机构一体化服务链,依托社区养老综合体,以点带面,联动社区、居家,实现医养照护全覆盖。

(二)"数字家床"业务发展现状

2021 年 10 月 12 日,民政部办公厅、财政部办公厅发布《关于组织实施 2021 年居家和社区基本养老服务提升行动项目的通知》,提出发挥中央专项彩票公益金示范引领作用,引导地方各级人民政府、市场主体和社会力量将更多资源投入居家和社区基本养老服务,探索建立居家和社区基本养老服务高质量发展制度机制。其中,该文件明确提出要开展两类服务项目,一是建设家庭养老床位,二是发展居家养老上门服务。

国药康养率先在成都市探索"数字家床"模式,通过数字化管理和服务技术,引入社区治理和社区服务相结合的机制,实现国药家庭照护床位智慧信息平台与区域内养老服务中心社区智慧服务平台、民政区级监管平台数据相通,打造家庭照护床位一床一码、一人一档、一键服务、一网统管。

"数字家床"照护模式仅在成都市温江区试行半年,就已经完成对全区 287 位老人能力与需求评估、物理环境评估；建设 200 多张家庭照护床位，根据评估结果铺设相应适老化辅具和一键呼叫、生命监测设备；开展 2500 余人次居家照护服务，既包含基础的饮食、洗浴等生活照料，又引入心理疏导、关节康复、用药管理等医疗、公益资源，打通社区服务最后一公里，真正实现了老人养不离家，安享晚年。

"数字家床"模式借助国药康养的供应链体系、专业服务团队、信息化智慧系统有序开展，在本地产生了良好的社会效益，陆续吸引了越来越多自愿接受家庭照护床位的居民，使这种居家养老服务模式获得了更广泛的社会知晓度和更多的社会认可。

（三）"数字家床"模式的主要创新

1. 数字养老社工，精准评估破解服务"泛"

国药康养依托旗下运营的社区养老综合体，发挥嵌入式"数字化养老社工站"的作用，培育出一批养老社工。他们作为连接老人和养老服务供应商的桥梁，既具备丰富的社会工作经验，又接受过老年照护评估和适老化改造评估培训，依托民政数字化社工救助体系和家庭照护床位智慧平台双赋能工具开展工作。养老社工通过民政数字化救助系统快速锁定温江区家床服务对象，再依托国药康养智慧评估系统高效完成老人家庭情况、健康风险、照护痛点、家庭适老化设置不足等需求的精准评估，建立一人一档，同步上传至家庭养老床位智慧服务平台，再由后台专业医护人员制定个性化服务计划，精准匹配老人需要的服务，实现高效服务。

2. 智能管理平台，一床一码破解流程"散"

家庭照护床位涉及家庭环境改造、远程监测设备安装、个性化上门服务等，服务内容复杂零散，除了养老社工进行资源链接和协调，家床智慧服务平台作为"指挥中枢"至关重要。智慧平台对每一位建床的老人实行"一床一码，一网统管"。服务商和老人家属可通过扫码形式查看老人的评估档案、建床进度、服务记录、呼叫记录以及服务反馈，规范服务行为，实现远程监督和服务追溯。

居家照护的核心是老人的紧急救援和呼叫响应，只有解决了老年人的居家安全问题，做好"一键服务"，家庭照护床位才能成为机构养老床位的有效替代和补充，真正解决老人养不离家的诉求。通过铺设连接智慧服务平台的便携呼叫、烟感报警、生命体征监测仪器以及双向对话系统，配置接线人员可以实现呼叫响应、实时在线查房，并 3—5 日进行定期语音抽访，既减少了人力的重复浪费，又保障老人居家安全，让老人享受到比肩专业养老机构的安心、贴心和舒心服务。

3. 央企实力加持，专业技术破解护理"难"

老年群体是慢病多发、身体机能下降、迫切需要健康管理的群体，离开医疗保障，养老服务寸步难行。但对大多数非规模化本地企业而言，他们难以负担医护团队的经营成本。长此以往，养老服务体系缺乏医疗资源已成为一大难点。"数字家床"体系不仅解决了安全看护问题，更能满足专业医养照护需求。

国药康养秉持"智慧康护，专业品质"的品牌理念，传递"关爱、责任、创新、共享"的国药核心理念，已助力多地城市养老服务领域的顶层设计及发展规划，积极参与国家和地方行业协会各项工作，为推动行业自律、规范标准、高质量发展贡献力量。国药康养不仅通过社区养老综合体提供日间托养、全日托养等一线服务，还为当地带来标准化服务流程、护理技术标准操作流程、机构与社区规范化运营管理等先进经验。通过引入和培育，国药康养在当地构建了包含医生、护士、护理员、养老社工、健康管理师、药师以及营养师在内的整合式医养结合服务团队，凝聚了专业照护力量。

此外,国药康养通过与成都市第五人民医院共建护联体,打造就医绿色通道和院后延续护理;通过与四川省营养学会建立战略合作,将老年营养方案有机地融入服务过程;引入智能药事管理设备,有效缓解家床老人的服药困扰。他们在运营过程中充分发挥央企整合优势,做实、做透、做精、做专家庭照护床位的医养结合工作。

4. 社区居家融合,一体联动破解照护"限"

老年群体照护是一个动态延续的过程,随着身体状态的变化,老年人难以避免地需要在居家、社区和机构的服务中流转。这就需要企业不断整合资源,打破照护边界和局限。国药康养服务链融合社区、机构、居家三大场景:以社区养老综合体和日间照料中心等服务资源为支撑,开展社区康护,为社区周边有康复护理需求的长者提供日间康护、社区助餐、辅具租赁、养老社工顾问咨询等;以社区嵌入式长者照护中心和康复、护理机构为主体,开展面向长期卧床患者、晚期姑息治疗患者、慢性病患者、失能失智老年人以及其他需要长期护理的长者提供专业机构康复服务;以长护险、家庭医生助理、康复辅具适配供应、适老化改造等资源为自理、半自理、失能失智老人并设居家护理服务;联动物业公司开展"物业+养老"服务项目,打通居家服务最后一公里,整合大量志愿者和物业服务人员承担老人家庭最近 500 米的应急响应服务,给老年人带来全闭环的服务体验。在原有的三级养老体系基础上,国药康养织出一张覆盖社区、家门口、家的服务网,让建床老人居家有响应,社区有服务,失能有床位,就医有保障。

(四)小结

国药康养探索的"数字家床"服务模式运用智慧信息平台实现提质增

效,整合供应链体系丰富服务内涵,解决了过去家庭养老床位探索过程中缺医疗、缺人力、缺服务、缺监管等难点痛点,平衡了科技赋能和温情服务的交汇点,整合了本地的民政数据资源、社工团队资源、医疗技术资源,打通线上线下、院内院外,让整个区域的医养融合服务"活起来""动起来",最终收获了老年群体的认可和好评。医养融合服务的内涵不应局限于单次、零散的服务关系,而应立足于整个区域乃至跨区域、跨地域的资源整合和顶层规划设计。国药康养充分发挥央企担当,携手各地康养服务供应商共同进步,相互赋能,为行业做出了表率。

福寿康集团:科技赋能三大事业群

陈　婷

（一）企业简介

福寿康集团于 2011 年成立于上海,秉持"助天下长者生活更美好"的使命,致力于提供优质便捷的社区居家医疗、护理、康复和养老服务。福寿康集团目前拥有员工 10 000 余人,业务布局全国 50 余个城市,运营 400 余个服务站点,包括医疗护理站、日托、长照中心、长者家庭、中医诊所、护理培训学校等,全国服务用户 10 余万人,年服务量超过 1500 万人次。

福寿康十余年重点深耕中国居家社区养老,赢得了社会的广泛赞誉和业界的充分肯定,是中国福利与养老协会理事单位、上海市养老服务行业协会副会长单位、上海市健康产业发展促进会理事单位等,并荣获"全国敬老文明号""中国五大养老服务品牌""互联网＋医养护康示范基地""全国医养结合典型经验企业""上海养老服务创新实践优秀案例"等诸多荣誉。

由于拥有坚实的业务基础和良好的发展前景,福寿康集团已获得红杉资本、启明创投、复星资本、腾讯资本等诸多头部资本的投资。目前正与产学研界领军企业和机构合作,进一步打造中国医康护养领域首屈一指的数字化、多元化、连锁化生态平台。

（二）养老业务发展历史

2011 年张军先生创立福寿康（上海）家庭服务有限公司，成为中国居家养老行业早期探索者。2012 年公司专业人员至日本进修，学习居家康复护理模式。2013 年上海福寿康居家养老康复护理服务社和上海福瑞康康复服务中心成立，同年公司纳入政府指定的居家医疗护理服务商名录。2015 年福寿康旗下成立第一家护理站—普陀区康普护理站，成为上海市高龄老人医疗护理保障计划第一批试点机构。2016 年公司获天使轮投资，形成"医疗护理站＋社区托养机构"服务模式，成立徐汇区福汇护理站、杨浦区优康安和护理站、虹口区福虹护理站等 8 家护理站，承接运营 5 家日间照料中心及 1 家长者照护之家。2017 年长宁区宁康护理站、黄浦区康海护理站、崇明区英杰护理站、静安区康芷护理站等 21 家护理站成立，公司服务人数突破 6000 人，服务人次达百万，成为上海市首批长护险试点机构。2018 年公司成为长期护理保险的首批定点服务机构和上海市医保定点单位，并顺利完成 A 轮融资。公司已开设 30 余家医疗护理站，同时运营管理 10 余家日间照料中心、5 家长者照护之家、2 家老年照护统一需求评估中心和 1 家专业认知症照护中心。同时，公司开启全球化布局，年服务量达 250 万人次。2019 年公司确定"互联网＋医护康养"的商业模式，荣获"智慧医养创新服务平台"优秀案例、"全国医养结合典型经验"等多项荣誉，年服务量达 600 万人次。2020 年公司获 B 轮融资，全国布局城市超 30 个，年服务量超 1000 万人次。2021 年公司获红杉资本 B＋轮融资，年服务量达 1500 万人次。

（三）养老业务的科技赋能

福寿康集团科技赋能三大事业群:居家事业群、社区事业群和技能事业群,着力打造智慧化服务闭环。集团以信息化手段为支撑,打造"互联网＋医护康养"机构、社区、居家场景服务闭环。

1. 福寿康居家事业群

福寿康居家事业群由长护险服务、智慧家庭照护床位、私人专护、康复服务、专业医护、上门助浴、适老化改造以及辅具产品销售租赁共同组成医护康养服务矩阵,为失能、失智、高龄长者提供不同程度的居家医护护理、慢病管理、医疗照护等服务。

其中,福寿康长护险服务、医护服务、康复服务等服务板块通过自主研发的"互联网＋智慧养老"医护服务系统平台,实现集团公司在全国50多个城市的社区居家养老医护服务业务流程的标准化、便捷化,服务实施的可视化、实时化,并支持跨省市、跨区域的集团化管理,解决管理团队、运营团队、服务团队、长者和家属及政府等不同角色所关注的核心问题。

此外,福寿康依托智慧家庭照护床位管理体系打造没有围墙的养老院,通过实时收集 IOT 设备数据,再加以分析处理,最终体现在监控屏幕上。建立 24 小时客户服务中心,值班人员实时关注大屏,可实时监测长者体征信息。在平台发出相应信号后,由值班的专业医护人员进行处理,经长者或长者家属授权,医护人员可在紧急情况下在平台打开监控设备,参考现场进行后续处理决定,同时处理过程会在平台记录,工作人员会跟踪事件的处理。

2. 福寿康社区事业群

福寿康社区事业群积极推进社区养老,成为"嵌入式"养老的重要践行者。目前福寿康旗下运营多种类社区养老服务机构，包括日间照料中心、长者照护之家、养老综合体、认知症照护机构社区养老院等，全国运营达 80 余家。

福寿康社区事业群通过智慧养老服务管理系统平台管理各社区机构、认知症照护中心等，系统包含日常业务管理、医养服务管理、基础数据管理统计分析三大模块，服务端和家属端两端 App，以及能够对接外部智能设备和系统多元化链接系统，实现智慧化营销管理、入住退院管理、评估管理、社工管理、餐饮管理、健康管理、照护管理、物业管理、费用管理、职工管理、数据统计分析等智慧化服务管理功能。

3. 福寿康技能事业群

福寿康技能事业群凭借前沿的理念、坚实的基础、领先的战术，以线上与线下相结合的方式，系统性培养"医、护、康、养"等业务线人才，为企业和个人提供全方位专业的人才培养服务及服务质量管控、医疗技术的提升、康复护理服务的标准化升级、配套信息技术的应用等赋能居家和社区服务。技术中心功能包括五大板块：企业服务标准的制定、课程的设计和研发、培训业务的组织实施、照护人才的资质培养和集团服务的质量管控。

除线下七所培训学校外，福寿康集团自主研发的综合信息化培训管理平台——"福教授"，为企业内部提供各层级专业队伍的能力培训、专业人员"医、护、康、养"知识技能等培训，提升企业的市场品牌竞争力，也可为企业外部养老机构、民政残联、社区街道、客户群体等进行赋能培训。"福教授"集教学管理、课程管理、在线学习、在线考核、在线培训、学分管理、统计分析功能于一体，涵盖各类医护养老专业化课程，满足各类岗位的培训学习需求，保证培训的全员覆盖率和服务的专业化水准。在线教育培训平台目前已实现 188 个课件线上化，课程体系包含人文素养、生活照护、医疗护理、认知症照护、慢病管理、康复治疗、亲情照护、养老护理员国家职业技能等级培训考试等15个学习模块,已注册培训2万余人,从不同维度为服务人员及管理者进行专业赋能。

(四) 小结

中国正步入老龄化、高龄化社会,受中国传统家庭结构的影响,居家社区养老将长期居于养老的主流地位。福寿康持续耕耘居家社区养老产业,引入国外先进护理理念、培训体系与服务流程,利用自主研发的社区养老服务交互系统,为社区老、弱、病、残人士提供医养康护"四位一体"全程康护服务。福寿康开创的"护理站+日托"和"护理站+长者照护之家"模式既能服务社区托养机构,又能以托养机构为站点辐射周边社区,为辖区内的老人提供医疗康复护理的上门服务,实现医养整合照护模式。福寿康是居家社区养老赛道的先行者,在口碑、市场占有率、全国化布局等方面占据比较优势,并且在医疗照护能力、专业护理培训能力、信息技术能力等方面有显著竞争力,公司未来发展值得期待。

盖睿科技:数字化赋能智慧医养

杨海飞　王晓东　张　晶　沈　宇

（一）企业简介

盖睿科技成立于 2013 年,是行业领先的基础医疗健康数字化产品和服务整体解决方案提供商。成立以来,盖睿科技始终专注基础医疗领域,自主研发产品终端及系统平台,创新业务服务及运营模式,通过"端＋云＋脑"整体赋能基层医疗全业务场景,力争打造没有围墙的基层网格化医院和全国最大的基础医疗科技服务支撑网络,推进实现医防融合网格化、分级诊疗层级化及个性化健康管理目标。目前,盖睿科技业务已覆盖全国 28 个省份,650 个区县,近 6 万个基层卫生站点,日均检测逾 15 万人次,服务区域覆盖总人口数超 1.5 亿。该企业先后获评国家重大人才工程企业、国家科技创新人才推进计划企业、国家大数据产业发展试点示范企业、国家智慧健康养老应用试点示范企业、国家 5G＋医疗健康试点示范企业、江苏省 2021"专精特新"小巨人认定企业、江苏省移动智慧医疗工程技术研究中心、江苏省双创人才企业等百余项国家及省级荣誉。

（二）数字技术及业务模式

1. 攻克关键技术，首创智慧化全科医生装备

盖睿科技以"科技创造健康生活"为企业使命。公司核心创始团队成员均来自国际知名通信企业，凭借优质的研发基因和过硬的技术储备，在发展过程中组建了涵盖专业领域软硬件研发、算法设计及底层系统开发等在内的核心研发团队，致力于将 5G、大数据、物联网、移动互联网、传感器、人工智能等数字化技术与医疗健康深度融合，构建覆盖全人群、全场景、全业态的整合型、立体化、全方位数字大健康生态体系，整体赋能 G 端、B 端及 C 端用户。

多年来，盖睿科技勇闯基础医疗无人区，自主研发了一套标准开放的医用级智能化操作系统 GAREA OS，基于人工智能（AI）识别、面向服务的架构（SOA）、Java 2 平台企业版（J2EE）、表述性状态传递（REST）架构风格等核心技术首创智慧化全科医生装备——"健康一体机"，成为首个获得国家食品药品监督管理总局（CFDA）认证的创新型基层医疗装备。"远程医疗服务系统软件"是国内唯一获得 CFDA 认证的多学科远程服务平台，业务终端一体化模式实现"医技一体化"的需求，获国家专项财政支持落地，系统赋能基层医生提升业务水平和管理能力。

2. 整合终端平台，构建数字化基础医疗业务体系

基于核心产品，盖睿科技不断创新研发，丰富产品业态，打造了覆盖全人群的数字化健康管理产品矩阵。在数字化终端方面，该企业推出智慧家庭健康管家、移动可穿戴心电监测仪睿贴心、智能体围尺、掌上智能尿液分析仪、无线探头 B 超/彩超、分站式智慧健康体检车、自助体检机、远程门诊工作站、移动车载家医工作室、基层自动化药房、自动售药机、胶囊诊所、健康微诊室、智慧云药房、警医 e 站通、5G 智能发热诊室、5G 数

字化移动接种舱、5G 新冠疫苗接种车、5G 数字化便民核酸采样工作站等涵盖基础医疗、智慧社区、健康场所、个人家庭、公共卫生防控领域的物联网终端矩阵。在软件平台方面,盖睿科技开发了基本公卫系统、家庭医生系统、慢病管理系统、远程门诊系统、远程会诊系统、远程诊断系统、双向转诊系统、处方流转系统、专病防治系统、医学继教系统、互联网医院系统、全场景核酸检测信息化平台、精细化预检分诊防控平台等数字化平台体系。

整合业务终端和系统平台,盖睿科技打造了业务终端一体化诊疗体系,并根据不同的业务场景和内容,创新打造了"健康邻里中心""家庭医生工作室""心脑健康适应微诊所""运动康复指导室""健康生活方式指导室""医防融合智慧健康服务站""一站式数智便民健康服务站""互联网医院线下服务站""驾驶人一站式自助换证体检服务站""数字化校园医务室"等多业态布局、多产业协同数字医疗创新场景,构建了公共卫生事件管理、医联(共)体分级诊疗、区域远程医疗一体化、互联网医院建设、居家主动健康管理、网格化家医服务、医养结合智慧养老等整体解决方案和服务体系。

3. 推动成果转化,打造多个国家级重大样板项目

依托产品研发实力和创新服务优势,盖睿科技充分转化科技成果,先后承建国家基层医改、乡村振兴、5G 医疗新基建、未来社区、健康城市等重大民生工程项目。并在"山东兖州'城乡一体化'医改""安徽省公卫服务'两卡制'""福建三明'三医联动'医改""河南焦作国家城市综合医改试点""广州花都'一元钱看病'医改""农工党中央'行走的医院'健康扶贫工程""苏州'健康中国典范城市'建设""海南省'5G 数字化基层医疗服务能力提升工程'""浙江省'未来社区'"等国家、省市级项目中打造出了多个创新样板和典型案例,获得国务院、各省市卫健部门的高度认可和首肯推广。

在发展过程中,盖睿科技建立了良好的上下游生态合作伙伴关系,打通了"政产学研金服用"数字健康生态协同体系。在产学研用方面,盖睿科技与国家纳米科学中心、中国医学科学院、国家远程心电诊断中心及清华大学、哈尔滨工业大学、北京航空航天大学、南京理工大学、首都医科大学、中日友好医院等大院大所紧密开展合作研究,并承担国家科技支撑重要技术课题,参与行业标准研发制定。在政企协同方面,该企业与国家各省市卫健委、公安、司法、金融机构及华为、京东健康、春雨医生、平安医保、中国移动、中国联通、中国人寿、泰康保险等企业达成深度战略合作,形成"数字健康+N"生态体系。

(三)数字化智慧医养服务模式及典型案例

1. 终端组合,线下赋能

在老龄化程度不断加深,速度不断加快的背景下,为有效应对老年人健康管理问题,盖睿科技打造了一整套智能化科技医养产品,以家庭、社区、机构为实体,针对性置入养老设施,为各类养老人群开展健康管理提供智能设备支撑。盖睿科技打造的智能诊室、胶囊诊所、智能化主动健康管理服务入围 2020 年国家智慧健康养老产品与服务推广目录名单。动态心电监测仪、远程医疗工作台入选 2018 年国家智慧健康养老产品类推广目录。2019 年 6 月,盖睿科技还入选江苏省工业和信息化厅、江苏省民政厅、江苏省卫健委联合发布的"江苏省首批智慧健康重点企业名单""江苏省首批智慧健康优秀产品名单"。

2. 服务运营,主动防治

为推动老年人主动管理健康,让慢病人群和重点人群得到连续性健康管理服务,盖睿科技以终端为纽带,主动承接老年人公共卫生体检、健康社区服务、健康义诊等综合性养老服务，"科技＋服务"双向助力中国式养老。同时，该企业延伸数字化健康管理服务，医防融合构建居民身边的"15 分钟医养健康服务圈"，将基层医疗机构和家门口健康场所打造成常态化医防融合、疫情防控网点，实现区域中高危人群及时干预管理和实时动态的传染病预警监测管控，打通重点人群服务供给侧资源，做实做细家庭医生签约履约服务，做强基层家庭医生服务能力，在助力基层卫生机构智能化健康管理能力提升、网格化家医签约服务、精细化慢病干预管理、互联网医院建设、健康政务便民惠民等领域全面发力，持续提升居民综合健康及数字化智慧医养水平。

3. 资源整合，联动管理

整合产品、资源、信息及服务优势，盖睿科技融合标准化基本医疗服务、基本公卫服务、医疗健康管理服务及医保、商保等多层次居民健康保障体系，搭建多元化智慧养老应用场景，全面赋能居家养老、社区养老和机构养老，促进多元化养老模式协同发展；构建"医－护－康－养－保"整合型医养结合健康管理网络，为老人提供更丰富、更人性化的医养服务。其中，在湖北武汉打造"没有围墙的养老院""全市养老服务信息化平台""多支柱养老保障体系"等"互联网＋居家养老"服务创新模式，获中央电视台新闻多次关注报道。在江苏苏州创建新型"健康村·家庭医生工作室""心脑血管适应健康微诊所""移动车载家医工作室"等智慧康养项目，助力吴中区入选"智慧健康养老应用示范基地"；在北京打造"智慧健康养老驿站"，成为"互联网＋机构养老"服务典型样板。

4. 顶层设计，标准研究

凭借数字化智慧医养产品及创新运营场景搭建，盖睿科技在智慧养老领域助力全国多地打造了一批"互联网＋"智慧医养典型案例。盖睿科技智慧养老服务多次荣获国家及省级大奖，被工信部、民政部、卫健委三部委评为"全国智慧健康养老应用试点示范企业"。

近年来,苏州市吴中区依托资源禀赋优势,积极抢抓长三角一体化发展国家战略机遇,精心打造"吴中颐养·太湖享老"品牌,持续提供特色养老产品供给,大力推进以居家为基础、社区为依托、机构为补充、信息为辅助、医养相融合的多层次养老服务体系建设,打造了一批智慧养老创新品牌和特色亮点,成为国家智慧健康养老应用试点示范基地。盖睿科技作为基础医疗领域数字化产品和服务整体解决方案提供商,作为苏州市、吴中区医疗健康领域高科技企业,在全面助力吴中区智慧养老领域高质量发展的同时,共同发起成立苏州市吴中区国润智慧养老标准研究院并担任副理事长单位,充分发挥政、产、学、研、用综合优势,推动智慧养老标准体系建设、检测认证技术研发及技术成果转化应用,加快建立多层次、个性化、品质化、精准化的养老保障体系。

(四) 小结

盖睿科技自成立以来始终专注聚焦基础医疗领域,攻克核心技术,致力将 5G、大数据、物联网、移动互联网、传感器、人工智能等数字化技术与医疗健康深度融合,通过科技手段为医疗服务提质增效,推进城乡医疗卫生均衡均质发展,为百姓增加健康福祉。凭借优质的研发基因及过硬的技术储备,盖睿科技打造了数字化基础医疗健康管理软硬件产品矩阵,并以产品为端口不断创新业务和运营服务模式,构建了覆盖全人群、全场景的整合型医疗健康服务体系,为推动基础医疗体系创新发展及国家分级诊疗目标实现贡献了突出力量。

目前,盖睿科技已荣获 170 余项自主知识产权,包含 37 项发明专利,4 项国际发明专利,70 余项软件著作权,3 项高新技术产品,多个产品通过中国 CFDA、欧共体(Conformite Europeenne, CE)、新加坡卫生科学局(Health Sciences Authority，HSA)、坦桑尼亚桑给巴尔食品和药物管理局(Zanzibar Food and Drug Agency，ZFDA)认证，先后通过 ISO 9001、ISO 13485、ISO 14001、ISO 27001、ISO 45001、信息技术服务标准(Information Technology Service Standards，ITSS)、能力成熟度模型集成(Capability Maturity Moclel Integration，CMMI)、两化融合管理、知识产权贯标等多项体系认证，获评国家重大人才工程企业、国家科技创新人才推进计划企业、国家健康医疗大数据示范企业、智慧健康养老应用试点示范企业等百余项国家及省市级荣誉资质，是中国基础医疗装备信息互联互通标准研发基地。

面对快速人口老龄化趋势，盖睿科技未来将依托数字化基础医疗健康领域的前沿技术，以数字化赋能居民全生命周期健康为目标，通过人工智能辅助诊断、人工智能个人健康评估和风险预测、个人健康信用体系模型、电子皮肤传感器、新型可穿戴生理健康监测产品等关键技术研究和创新产品开发，着力研究构建数字化基础医疗健康研究院，为养老行业发展构建更完善的数字化路径和顶层设计体系，增进老人健康福祉，助力养老产业高质量发展。

上海市闵行区江川路街道：优化养老服务供给，打造全国示范性老年友好型社区

戴　芳　蒋汉武　张　磊　鲍　祎

江川路街道地处上海市闵行区的最南端，其人口老龄化、高龄化呈持续加深的趋势。截至 2021 年年底，街道户籍人口 13.60 万余人，60 岁及以上老年人口近 4.59 万人，占总人口 33.75%。其中，65 岁及以上老年人口 3.51 万人，约占 60 岁及以上老年人口的 76.47%。80 岁以上高龄老人 8100 余人，约占老年人总数的 17.65%，已经接近于每五位老人中就有一位高龄老人。

江川路街道曾经是上海汽轮机厂、上海电机厂、上海锅炉厂和上海重型机器厂等"四大金刚"厂区所在地，因此很大一部分江川老人是这些国营大厂的退休职工。另外，上海交通大学闵行校区师生员工的户籍也隶属于江川路街道，约有 4 万人。除了老龄化程度高，街道还有社区居委多、地域跨度大的特点。

在养老生活方式的选择上，老人们普遍有"原居安老"的心愿。为了满足辖区老人的养老需求，江川路街道党工委深入践行"人民城市人民建，人民城市为人民"重要理念，坚持"党建引领、政府主导、社会参与、全民行动"的思路，不断优化多元养老服务供给，完善居家社区机构相协调、医养康养相结合的养老服务体系。街道充分发挥市场机制以及家庭养老和个人养老的作用，以创新的方式解决老城区改造中遇到的空间挖掘难题，努力助推为老服务从"无"到"有"、从"有"到"优"的转变，于 2021 年成功创建全国示范性老年友好型社区。

（一）资源链接，优化赋能

满足广大老年人多样化、多层次养老服务需求是街道积极应对人口老龄化的根本宗旨。江川路街道以盘活为老服务资源为切入口，力图找到居家养老、社区养老和机构养老三种基本模式之间的平衡。街道在辖区内构建"社区养老生活共同体"，实现资源链"内循环"，有效地提升养老服务资源的合理配置和高效供给，为老年人提供家门口、零距离、个性化、有温度的养老服务。

一方面，街道根据闵行区 2015 年制定的实施养老设施布局专项规划，2017—2022 年滚动实施两轮养老服务三年行动计划，实现了较充分的设施供给。街道充分发挥公建民营养老机构的"兜底"功能，确保基本床位供给和基本公益服务保障，满足居民对机构养老的刚需。江川敬老院打造了 63 张认知症专业照护床位，满足评估等级四级及以上老年人的照护需求。针对养老机构比邻社区的实际情况，街道鼓励打破养老机构的"围墙"，力争实现机构和社区的双向互动和资源共享。机构把专业的照护服务送到社区，社区老人也可以进入机构与院内老人交流联谊，并了解养老机构的设施、环境和运作方式，为未来选择养老方式提供参考。这项措施推出以来，受到机构和社区老人的欢迎，虽然由于疫情的阻隔，未能全面开展，但疫情之后该项措施还会继续推广和完善。

另一方面，按照"一体两翼，分区分步"的策略，在街道全域构建嵌入式服务设施网络，包括综合为老服务中心、老年人助餐服务点、老年人日间照料中心、长者照护之家等。这些网络点位构成了"15 分钟养老服务圈"，为老年人提供餐食、日间照料、康复治疗、文化娱乐、教育学习等服务。

另外，街道还开展家庭养老赋能工作，通过安装日间照料智能看护系统设备及认知障碍筛查平台设备，加强家庭专业照护服务。

（二）适老改造，精细规划

江川路街道对养老服务工作坚持分类指导，由街道班子领导包干下沉，深度调研各年龄段、各类养老服务对象的差异化需求，重点关注独居和有照护需求的老年人的具体诉求，从而将"沉默的少数群体"的意愿，充分吸纳进嵌入式养老服务体系整体规划设计中。

街道以整体街区规划为牵引，对试点片区内电机社区的存量房屋资源进行反复排摸，全面掌握了房屋所有人和房屋所在位置的第一手资料。街道反复与拥有闲置房屋的三家公司磋商，通过签订租赁协议，将电机厂退管会、煤气站等碎片空间和闲置房产统一承租下来，推动社区改造驶上"快车道"。

在设计过程中，街道与多家专业团队反复商讨，形成了"一桥四方"的设计思路，有效构建嵌入式养老服务格局，打造集长者照护之家、综合为老服务中心、社区卫生中心、社区食堂于一体的一站式为老服务设施，形成了社区"15 分钟养老服务圈"，让更多老年人安享居家和社区养老。"一桥四方"适老化改造基地是全上海市首个连片整体规划的适老化改造项目，其探索实践为上海社区适老化改造提供了全新的"闵行样本"。

在社区公共设施和场所的适老化改造上，负责团队反复咀嚼"适老"二字的精准内涵，细究"出行、安全"两个关键，深耕社区楼栋入口、小夜灯、楼层提示等硬件细节改造。在软件建设上，负责团队反复推敲江川路街道的地区发展历史、精神和文化血脉，在适老化改造中融入工业场景和机电元素，帮助退休老人们追忆往昔的激情岁月和奋斗精神，充实当下的生活内容和生命意义。

（三）医养融合，认知友好

为了更好地推进医养融合，在硬件设施上，新建的养老机构、社区综合为老服务中心与社区医疗设施资源尽可能同址或邻近设置，着力解决养老服务与医疗资源的统筹与贯通问题。在运行机制上，街道积极探索嵌入服务和签约服务模式，辖区内的长者照护之家和老年人日间照料中心均与社区卫生中心签订共建合作协议，为周边有需要的老年人提供家门口的康复服务。

针对机构住养老人"看病难"的问题，街道根据闵行区卫健委发布的《闵行区关于进一步深化养老机构医养融合工作的实施意见》，鼓励各级各类医疗机构与养老机构组建医养联合体，根据养老机构规模和区域医疗资源，落实医养结合"一院一方案"。街道深化"托管、嵌入、签约"三种医养结合模式，规范养老机构内设医疗机构和医疗服务内容，更好地满足机构住养老人的医疗需求，实现住养老人基本公共卫生服务全覆盖；组建居村委协理员队伍，定期跟踪受理评估数据，持续完善"长护险"工作制度。

针对辖区内认知障碍症老年人专业照护的迫切需求，江川路街道着力打造认知障碍照护体系。街道 2019 年 9 月成为上海市首批 28 家老年认知障碍友好社区建设试点单位之一。街道创新性地提出了"分级预防，全程管理，构建网络，社会支持"的江川方案，将人群分为全民、55—75 岁人群以及 75 岁以上人群，并提供相应的教育、筛查和干预服务，做到全人群覆盖和全过程管理。

位于合生邻里中心的"江川·知友之家"是江川路街道开展老年认知障碍友好社区建设的服务主体，并承担着服务平台的功能。平台引入了第三方专业社会组织实现常态化运营，提供社区长者脑健康教育互动体验、轻度认知障碍长者体脑激活和认知障碍家庭照护支持等服务。平台不断地积累资源和经验，同时将资源和服务输送辐射到社区。"知友之家"通过"记忆学堂"和"长者体脑激活站"等载体形式将专业服务拓展至各片区，包括居民区、学校、机关、商场、园区、楼宇等。"知友之家"还动员社会力量联合开展脑健康教育、"认知症好朋友"志愿者培训和"认知症友好机构"认证共建等活动。这些活动有效地提高了公众对认知障碍症的认知，消除了对患者的歧视，并为患者家庭构建了属地化的友好支援网络。

（四）数字赋能，智慧养老

近年来，随着"互联网＋"、大数据、人工智能等信息技术的迅猛发展，数字化手段已经成为推动养老服务提质增效的重要抓手。江川路街道不断推动养老信息化和智能化建设，利用数字化手段提升养老服务体系的效率和效用，并开展助力长者跨越"数字鸿沟"的工作。街道在2017年获评国家级"智慧健康养老应用试点示范街道"。

街道持续加强养老信息系统的建设和应用，充分利用闵行区的智慧养老服务云，统筹各类为老服务信息资源，通过管理平台对接养老服务设施、健康信息、养老顾问和福利补贴信息等。街道持续打造智慧食堂，完成了智慧收银平台采购及安装，通过智能手段提升社区食堂的运行质量和效率，切实提升老人对助餐服务的满意度和获得感。街道聚焦独居、纯老、失智、失能等重点老年群体，推出"养老全知道"虚拟养老院项目，促进社区综合为老服务中心、护理站和为老社会组织等家门口服务资源的整合联动。在老年人家庭环境中部署传感设备和智能终端，使家庭养老床位具备"类机构"功能，实现多元主体数据汇集、共享与分析，促进居家安防、紧急求助等各类线上线下服务新模式应用，保障老年人在家就可随时选择和享受便捷的专业化服务。

为提升老年人的数字化运用能力，帮助老年群体缩小数字鸿沟，街道设立了五个"随申学"服务点，在综合为老服务中心内设置"数字伙伴·微站点"，打造老年学校"老年教育智慧场景建设"智慧学堂。通过"一中心、多网点、全覆盖"的社区养老顾问服务模式，在辖区 48 个居民区均设立了养老顾问点，用老年人欢迎的方式实现"点对点"智能教学。

街道吸纳辖区内养老机构、综合为老服务中心、为老服务公益组织工作者等专业群体加入，组建"互助伙伴"服务队伍；深化共建服务，携手辖区内爱心单位为老年人进行数字化项目的应用普及，如交通银行、上海银行为老年人送上金融反诈的教学课程；全面推行"网格＋志愿者"服务模式，逐步建立了"街道—社区—居家"三级教学"帮服"体系，有效解决老年人的"数字困惑"。

（五）持续提质增效，优化文化环境

江川路街道已经形成了基础扎实的养老服务体系，在优化多元养老服务供给、建设老年友好型社区方面取得了一定的成效。未来，江川路街道将持续构建"尊老，敬老，爱老，孝老"的社会环境，践行"积极老龄化，健康老龄化"的高质量发展理念。街道将进一步增强普惠优质养老服务的供给，完善社区居家养老服务网络，整合利用存量资源发展社区嵌入式养老，并推动专业机构服务向社区延伸。街道将进一步推进公共设施适老化改造，并扩大家庭适老化改造的受益面，以政府补贴撬动和满足更大的需求，进一步利用智慧养老的手段，提升养老服务和监管的能力和效率。同时，街道还将积极推动养老服务与体育健身融合发展，推出长者运动健康之家，提供适宜老年人需求的、更高质量的健康养老服务，普及老年人运动健康知识和技能，指导老年人科学健身，发挥体育健身在老年人健康促进、慢性病预防和康复等方面的积极作用。作为老年友好型社区环境营造的一部分，街道还将进一步提升公众对养老问题的关注，在全人群中开展全生命周期管理的理念宣传和教育，并促进志愿者组织的建设和活动开展。践行积极老龄化理念，进一步关心老年人的精神和文化需求，为老年人提供普惠和可及的教育文化资源；进一步为老年人创造"老有所为"的机会和条件，全面推动银发经济的发展。

重庆市大渡口区:聚焦"规建管服"打造可持续一体化社区居家养老服务体系

罗　津

(一) 社区居家养老服务体系建设历程

重庆市大渡口区于 1965 年为服务重庆钢铁公司正式设区,现辖区面积 103 平方千米,下辖 5 街 3 镇。2021 年年底全区常住人口 42.19 万人,其中 60 岁及以上老年人口 8.26 万人,老龄化率 19.58%,老龄化程度逐年加深。2013 年,大渡口区作为重庆市唯一区县被纳入《全国老工业基地调整改造规划(2013—2022 年)》,2014 年 4 月被确定为全国城区老工业区搬迁改造试点区。为积极应对老工业基地的人口老龄化问题,大渡口区牢牢把握转型发展主题,持续深入贯彻落实习近平总书记关于养老服务的重要指示精神,以健全社区居家养老服务体系为突破口,定规划、创标准、强管理、优服务,不断满足老年群体多层次、个性化的社区居家养老服务需求,着力为社区老人提供"一碗汤"距离的优质养老服务,尽可能让社区老人养老在社区、养老不离家。

大渡口区以镇街自建、民建公助、城企联动普惠养老专项行动等方式,通过社区居家养老服务标准化、品牌化、连锁化建设,持续打造"老吾老"养老服务品牌,以"基本供给＋多元业态"的社会化运营模式,采取"中

按:**项目支持**:国家社科基金青年项目:城市社区居家养老的多元要素协同与多维主体联动研究(批准号:22CGL032)。

心带站"或委托专业机构等方式,统一运营社区养老服务站,实现社区养老服务设施社会化运营100%。截至2021年年底,大渡口区已建成养老机构32家,其中医养融合型养老机构11家;建成社区养老服务设施56个,实现城市社区养老服务设施全覆盖;设置养老床位2419张(养老机构2319张,社区养老服务站100张),其中护理型床位1177张,普惠型养老床位220张。

(二)社区居家养老服务创新实践

一是聚焦整体性布局,推动社区居家养老服务设施全覆盖。按照"一镇街一中心、一村(社区)一站点"发展思路,对社区居家养老服务设施进行全覆盖规划布局,并将社区居家养老服务设施全覆盖建设作为镇街年度综合目标考核重要内容,督促各镇街将闲置、临街的自持综合服务用房优先用于社区居家养老服务设施建设;同时,对辖区内确无合适用房的村(社区),支持其租赁商业用房用于建设,区政府每年给予租金补贴。截至目前,全区建成镇(街道)养老服务中心8个、社区养老服务站56个、农村养老服务站5个、农村互助养老点11个,于2021年年底已实现城乡社区居家养老服务设施全覆盖。

二是聚焦标准化建设,推动社区居家养老服务设施规范统一。依托"全国第一批社会管理和公共服务综合标准化试点"项目,大渡口区在全市率先开展社区居家养老服务设施标准化、品牌化建设,创设了"老吾老"社区居家养老服务品牌,建立了"老吾老"社区居家养老服务标准化体系,牵头编写各类标准78项(包括重庆市地方标准1项),涉及社区居家养老设施建设、服务项目和监督管理等多个方面,扭转了过去各镇街自建社区居家养老服务设施标准不一、风格各异的情况,统一规范了社区居家养老服务设施的建设流程、功能设置、内部氛围、服务标准,有效提升了设施的功能性和适老化、智能化水平，实现了全区社区居家养老服务设施一个"模样"，便于老年人导向辨识。

三是聚焦社会化运管，推动社区居家养老服务提质增效。为确保社区居家养老服务设施建得好、管得好、用得好，大渡口区坚持社会化、市场化运营管理路子，区政府鼓励和支持各镇街引入专业养老服务机构对本辖区内社区居家养老服务设施整体运营管理，按照每年每个 4 万元的标准给予其运营补贴。同时，为确保社区居家养老服务设施社会化运营效果，区民政局每年委托社会第三方权威机构对各镇街社区居家养老服务设施社会化运营情况进行综合评估，评估结果作为运营机构享受补贴标准的重要依据。截至目前，大渡口区引入专业运营管理机构 5 家，社会化运营率在全市率先实现 100%，社区居家养老服务设施运营效果总体较好。

四是聚焦多元化服务，推动社区居家养老服务发展可持续。始终统筹兼顾养老基本公共服务和市场化服务，将社区居家养老服务划分为基本需求服务（无偿）、基础性需求服务（低偿）和刚性需求服务（有偿）三个类别，制定出台社区居家养老服务设施基本公共服务清单，明确社区居家养老服务设施低偿和有偿服务项目和价格，并督促社会化运营机构严格落实、对标执行。同时，鼓励和支持社会化运营机构利用社区居家养老服务设施阵地、大渡口区智慧养老云平台等线上线下渠道，积极整合物业公司、百货公司、医疗机构等社会资源，为老年人提供家政服务、紧急救助、送货上门、医疗服务等个性化居家养老服务。2022 年 1—6 月，全区累计向 16 740 人次老年人提供送餐就餐服务，为 43 户失能半失能老年人提供适老化居家改造服务。

（三）小结

重庆市大渡口区在社区居家养老服务体系建设方面的经验可总结为

以下几点:一是高标准建设服务阵地是基本保障。坚持品牌化、连锁化、标准化的建设思路,让全区社区居家养老服务设施功能布局更加合理,设施设备更加完备,文化氛围更加浓郁。二是高质量抓好运营管理是发展动力。社区居家养老服务设施既要建得好,也要运营得好,这样才能吸引更多的社会企业到养老领域投资兴业,也才能推动养老服务可持续发展,更好地为全区老年人提供多元、优质服务。三是高水平搭建信息平台是服务桥梁。智慧化、智能化是未来养老行业发展的大方向、大趋势,是老年人与养老机构、社区居家养老服务设施互通信息的桥梁和纽带,大渡口区积极搭建全区智慧养老信息云平台,完善了"线下+线上"服务体系,为精准高效给老年人开展服务提供了保障。

未来,大渡口区还将紧紧围绕"公园大渡口、多彩艺术湾"建设,进一步巩固社区居家养老服务设施全覆盖建设成果,探索推进"中心带站进家庭"全链条服务模式,积极整合长期护理保险、"家庭养老床位"建设、老年人"三助"照顾服务计划等项目资源,着力打造社区老年人"十五分钟"养老服务圈,努力为社区老年人提供优质、高效、普惠、智能的社区居家养老服务,不断满足辖区内老年人日益增长的多层次、多元化养老服务需求。大渡口区正在探索一条中西部传统老工业基地转型发展过程中积极应对人口老龄化,打造社区居家养老服务体系的示范样板,前景可期。

中国银行上海市周家渡支行：
探索银发特色场景获客新路径

中国银行上海市周家渡支行

（一）机构简介

中国银行上海市周家渡支行（以下简称"周家渡支行"）成立于 1994 年，办公总面积近 1200 平方米，是上海世博园区板块规模较大的综合型服务网点。

由于所在区域人口老龄化程度较高，老年人口众多，周家渡街道非常重视养老服务体系建设，形成"1＋32＋N"的养老服务方案，投入大量资源打造老年人服务综合体，已经构建了相对完善的为老服务网络。而周家渡支行已于 2021 年初建成全国首批、上海首家"5G 智慧养老标杆示范网点"，致力于解决老年人数字鸿沟及老年教育等问题。作为街道养老服务的重要组成部分，周家渡支行持续为政府养老事业发展提供中行方案。网点开业以来得到了政府和社会各界的广泛关注，浦东新区民政局为其颁发"智慧养老服务站"；周家渡街道将其纳入"养老服务联盟"首批成员。

目前周家渡支行已成为中国银行为老服务品牌的展示窗口，通过"扎根社区，服务社区"的为老服务理念，把为老服务"做深、做细、做透"，在提高商业银行服务水平，促进社会事业稳步发展，构建老年友好型社会等方面贡献中行力量。2021 年，周家渡支行获评中国银行业协会文明优质服务千佳示范网点，同时也是金标敬老示范网点。

（二）银发场景业务模式

周家渡支行坚持全面布局、重点突破的工作原则，聚焦"智慧养老、公益养老、文化养老"三大主线，结合区域发展及老年客群生活习惯等特点，搭建为老服务特色场景，将金融教育宣传与金融适老化服务相结合，探索"金融＋养老"获客新模式。通过场景改造、社区融入、特色活动等独特方式，周家渡支行充分发挥线下银行网点的社交属性和生活服务属性，推动银发场景在网点的承接与延伸。

1. 场景赋能

在场景硬件优化方面，网点开辟500平方米作为银发场景服务专区，增设老年课堂、影音图书馆、线上健康问诊专区、书法练习区、线下咨询区、5G线上体验区、线下搭脉问诊区、特色才艺展示区、爱心温暖角、公益咖啡角等功能区域，丰富老年客群活动的场地，营造温馨如家的氛围。网点还配备轮椅拐杖、便民服务箱、AED心脏除颤仪器、紧急呼叫按钮、无障碍卫生间、便携式血压计、血氧监测仪、震动叫号器、大字版信息展示屏等便民设施，方便老年人与残障人士前来银行办理业务，增强综合为老服务能力。

在"软实力"提升方面，网点持续加强与周边机构的合作关系，以银发品牌与特色服务为名片，深化包括党建在内的全方位合作交流，并在周边多个机构挂牌"中国银行为老服务示范点"，推出"十个优先"为老服务举措，提供上门开卡、加装电梯、爱心志愿服务等多项便民措施；利用中行平台优势，与周边机构携手共建，充分共享养老资源，真正构建起全方位的社区养老生态圈。与此同时，网点围绕老年人"医、食、住、行、娱、情、学"等全方位需求，开发系列课程，创新特色服务，定期举办各类讲座、沙龙及线上线下问诊活动,为周边居民提供"金融＋非金融"的全方位服务,以实际行动践行"我为群众办实事"的为老服务理念。

2. 公益养老

作为上海市公益基地,周家渡支行创新引入中银公益互助养老平台,以金融力量促进公益服务价值认同。作为具有公益志愿属性的互助养老模式,老人可通过平台发布助老服务需求,志愿者可在平台"接单"提供服务,由平台记录志愿者服务时长,其在未来可兑换他人服务。该平台目前已开发上线的主要功能包括互助养老供需匹配、激励权益兑换、服务时长存储及捐赠、公益证明开立等,围绕各方需求,扩大社会养老服务有效供给。

此外,在"3·5"学雷锋纪念日、社区公益节等重要时点,周家渡支行志愿者服务队进入老年服务中心及社区中心花园,提供丰富多彩的金融助老服务。志愿服务范围涵盖周边数十个居委,在提供一流银行窗口服务的同时,网点员工积极走出网点,来到居民身边,不断拓展银行服务的广度和深度,为客户提供更加专业、更有温度的金融服务。

3. 文化养老

为了持续满足银发客群日益增长的精神文化需求,共同构建老年友好型社会,周家渡支行开展了形式多样的文化活动。

围绕周边居民关注的传统节日,将手工剪纸、蜡染环保袋、永生花制作、唱响红歌、新春送福字等各类特色活动相互融合,每年举办特色活动近百场。在街道党群服务中心的支持下,周家渡支行利用网点内 50 平方米的展示空间为社区老年人搭建才艺展示平台,先后引入社区居民刘老伯 100 幅党史漫画展、汪老伯近 700 张红色门票展等党史学习教育活动,吸引了众多居民和机构前来打卡参观。中行也向刘老伯颁发"中国银行为老服务宣传大使"证书,并将漫画图片通过中行复兴壹号党建平台向全国推广展示。

4. 智慧养老

中国银行积极发挥科技金融和数字化经营特色,在手机银行打造线上银发专区。作为浦东新区首家"智慧养老服务站",周家渡支行积极响应政府关于"助力老年人跨越数字鸿沟"的号召,结合中行手机银行银发专区,开设"跨越鸿沟"系列课程,内容涵盖线上购物、生活缴费、医保就医、交通出行、政务办事等多个领域,以视频观看、实操教学、有奖问答等形式,指导老年人能用、会用、敢用智能手机,帮助老人充分享受社会数字化转型带来的红利。

与此同时,周家渡支行积极探索线下 5G 等多元科技运用,打造健康管理专区,引入远程问诊设备、康复辅具智能显示屏等科技元素,邀请经验丰富的健康顾问,提供线上线下问诊服务,把对老年群体的健康关怀落到实处。

(三)银发场景业务创新

1. 研发系列课程,跨越数字鸿沟

中国银行不断研发银发场景教学内容,为养老特色网点提供体系化教学支持,在手机银行上设立中银老年大学,开办金融、艺术、健康等六大学院,推出几百门在线免费学习课程,迭代升级入学、选课、积分兑换等功能,构建线上老年大学和线下养老网点联动模式,助力老年人跨越数字鸿沟。

结合周边老年客户的接受能力与个人偏好等因素,周家渡支行开设一系列讲座、兴趣班、手工课等。除了厅堂授课之外,网点依托社区小课堂、养老院分享会、居委茶话会等形式,走进街头巷尾,开展"数字伙伴计

划"行动,重点做好数字化应用的宣传培训普及,为老年人提供家门口的信息化培训,鼓励年轻人特别是子女,多帮老年人熟悉新设备、新技术,实现"数字反哺";选拔一批"数字体验官",发挥社区"红人"的力量和作用。

2. 打造健康专区,体现长者关爱

相关调查报告显示,银发客群主要支出的三大类别为日常生活、养生健康和娱乐社交。工作人员在网点日常工作中发现,银发客群对自身健康管理比较重视,且乐于参与线下体验活动。

为响应国家大健康战略,满足养老客群需求,周家渡支行通过增加网点健康管理服务,采用线上问诊与线下讲座相结合的形式,打造健康管理服务专区。

周家渡支行将线上与线下、科技与金融深度融合,赋能网点的银发场景建设,引入基于 5G 技术的"云资讯顾问系统"与智能设备,邀请具有丰富医疗背景的养老顾问每周提供线上视频问诊服务,截至 2022 年已累计线上问诊近 30 场,服务周边居民约 400 人次,将健康关怀落到实处。

与此同时,网点携手浦南医院中医康复科专家,通过"望、闻、问、切"等传统中医手法,开展线下搭脉义诊活动;特邀具有丰富临床经验的专家定期为周边居民开设健康养生专题讲座;针对心梗黄金 4 分钟救治时间配备了专业的 AED 心脏除颤仪。

周家渡支行通过扩充网点为老服务内涵,进一步将网点周边的目标客群导入至网点,为最终的客户转化与留存创造条件。在产品同质化严重的背景下,吸引银发客群多来中行"看一看",促使其最终能够"留下来"。

3. 配置银发团队,提供优质服务

专业的人才队伍是未来为老服务网点运营成败的关键。为此,周家渡支行配置了专业银发团队,对机构关系维护、特色活动开展、老年客户

转化提供强有力支撑。

支行配置银发服务专职岗位,负责与政府部门、养老机构、老年客户的关系维护、养老特色活动的组织开展,中银银发品牌的宣传推广、养老金融产品营销等相关工作。银发专员可协同理财经理对老年客户提供一对一咨询服务,在活动中进一步深化客户关系,及时了解客户需求,开展针对性营销,最终水到渠成地实现银发场景获客目标。

(四) 小结

作为银发场景特色网点,周家渡支行不断拓宽服务外延,创新特色服务,围绕老年客群在养老金融、健康管理、社交娱乐方面的差异化需求,积极探索银发场景获客新模式。

一次次上门开卡,让老人们足不出户就能享受便捷的金融服务。一场场特色活动,使老人们的生活更有品质,让他们对传统银行的观念逐渐转变。银发场景建设加深了居民对中国银行的品牌认同感,拉近了彼此的距离,走进银行坐一坐、聊聊天,已逐渐成为周边老人的一种习惯。

展望未来,周家渡支行将围绕"扎根社区、服务社区"的理念,持续做好银发场景建设相关工作。通过各类体验场景的搭建不断提升老年群体的获得感、幸福感和安全感,同时增加个人与机构客户的触达频次,探索金融助力养老事业发展新路径,助力国家银发经济高质量发展。

政策分析

2021 年度国家层面养老政策解读

张国安　陶斯劼

（一）聚焦老龄产业发展和养老服务供给，高密度出台综合性政策和专项政策

2021 年是"十四五"规划的开局之年，我国开启全面建设社会主义现代化国家新征程，老龄事业也进入全面发展时期。党中央把积极应对人口老龄化上升为国家战略，在《中华人民共和国国民经济和社会发展第十四个五年规划和 2035 年远景目标纲要》中作了专门部署。

人口老龄化是人类社会发展的客观趋势，我国具备坚实的物质基础、充足的人力资本、历史悠久的孝道文化，完全有条件、有能力、有信心解决好这一重大课题。同时也要看到，我国老年人口规模大，老龄化速度快，老年人需求结构正在从生存型向发展型转变，老龄事业和养老服务还存在发展不平衡、不充分等问题，主要体现在农村养老服务水平不高，居家社区养老和优质普惠服务供给不足，专业人才特别是护理人员短缺，科技创新和产品支撑有待加强，事业产业协同发展尚需提升等方面；建设与人口老龄化进程相适应的老龄事业和养老服务体系的重要性和紧迫性日益凸显，任务更加艰巨繁重。

为此，2021 年度，国家层面在制定各项专项和综合性政策时，延续了"十三五"时期的总体思路，持续完备老龄政策法规体系、持续加强多元社

会保障、持续完善养老服务体系、持续健全健康支撑体系、持续加快老龄事业和产业的发展。

如图 1 所示，从数量上看，2021 年国家层面出台主要政策 38 条，其中综合性政策（宏观管理）有 8 条、专项政策有 30 条。而在专项政策中，养老科技和智慧养老服务、养老金融服务和养老照护服务方面的政策数量较多，分别为 8 条、7 条和 6 条，很大程度上反映了国家层面对这三个养老细分主题的关注和重视程度。

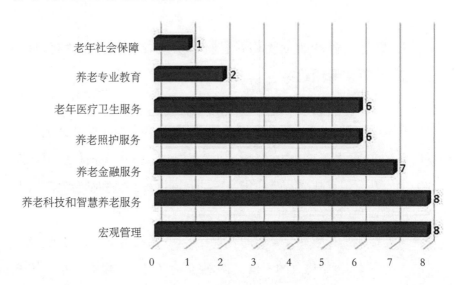

图 1　2021 年全国层面养老细分主题主要政策发布数量

从时间上看，2021 年国家层面政策发布具有"先专项、后综合"的特点。各养老细分主题的专项政策发布时间大多不晚于 10 月；而 8 个宏观综合性政策有一半是集中在 10 月之后出台的，其中两个重要的宏观综合性上位指导政策——《中共中央 国务院关于加强新时代老龄工作的意见》（简称《意见》）和《"十四五"国家老龄事业发展和养老服务体系规划》（国发〔2021〕35 号，简称《规划》）——分别于 2021 年 11 月和 12 月发布。"先专项、后综合"的发布节奏，通过专项政策解决特定、紧迫性问题，适应当下形势需要;而宏观综合性政策则是面向老龄事业进行全局、整体性规划,适应更复杂的跨周期管理需要,发布的时机选择慎重。

从内容和作用上看,各养老细分主题在延续现有政策精神和主旨的前提下,又各具特色和侧重点:

■ 养老科技和智慧养老服务:继续以高频度政策为牵引,从产品端、应用端、服务对象端强化技术应用和推广,重心是将智慧健康养老作为一个产业,建设兼顾老年人需求的智慧社会,长效解决"数字鸿沟"难题。

■ 养老金融服务:促进和规范发展第三支柱养老保险,大力推动个人养老金发展,发展多层次、多支柱养老保险体系,打造规范有序、多元多样的养老金融服务市场。

■ 养老照护服务:持续构建多元化服务体系,在机构照护服务、居家社区养老服务两条线路推进改革的基础上,突出"社区居家养老"以及"日间照料中心"两大服务载体,引导市场发挥作用。

■ 老年医疗卫生服务:继续沿着健全医疗体系和促进医养结合两条线路深入推进,明确提出"发展老年医疗、康复护理和安宁疗护服务",努力打通老年医疗卫生服务的难点和堵点。

■ 养老专业教育:持续扩大养老专业人才供给,推进养老领域产教融合,不断深化和巩固"政企校"多方联动的养老人才培养支撑体系;持续扩大老年教育资源供给、平衡老年教育发展水平和地区差异、规范老年教育内容,将老年教育纳入养老体系建设规划的同时,注重积极开展"银龄行动"计划,促进老年人的社会参与度。

■ 老年社会保障:持续打造覆盖多层次需求、筹资多支柱支撑的养老保险体系,稳步建立长期护理保险制度,继续向建立基本保障型服务体系的目标靠近。

养老科技和智慧养老服务、养老金融服务、养老照护服务这三大养老细分主题不仅在专项政策的数量上居多,而且在政策侧重点上与《中共中

央 国务院关于加强新时代老龄工作的意见》和《"十四五"国家老龄事业发展和养老服务体系规划》的两条主线——"推动养老服务体系高质量发展"和"推动老龄事业和产业协同发展"——高度契合。因此,本报告将对这三个养老细分主题的相关政策进行具体研究和解读。

(二) 两大综合性政策指明方向:老龄事业和产业协同发展

1. 新政策延续"优化供给""释放需求"的既有思路,明确产业化发展新方向

2021 年 11 月,中共中央、国务院发布了《关于加强新时代老龄工作的意见》坚持以人民为中心,将老龄事业发展纳入统筹推进"五位一体"总体布局和协调推进"四个全面"战略布局,实施积极应对人口老龄化国家战略,把积极老龄观、健康老龄化理念融入经济社会发展全过程,加快建立健全相关政策体系和制度框架,推动老龄事业高质量发展,走出一条中国特色积极应对人口老龄化道路。

《意见》在坚定继续打造高质量为老服务和产品供给体系的同时,前瞻性地明确提出"要把老龄观融入经济社会发展全过程"的理念。作为上位政策,《意见》为后续的各专项政策定下了基调。

时隔一个月,国务院发布的《"十四五"国家老龄事业发展和养老服务体系规划》旨在"推动老龄事业和产业协同发展,构建和完善兜底性、普惠型、多样化的养老服务体系,不断满足老年人日益增长的多层次、高品质健康养老需求"。

《规划》可视作对《意见》的落实和具体化,是对后者的全面扩展、补充和细化,其中"推动老龄事业和产业协同发展"的表述被首次明确提出,这表明老龄产业的发展已逐渐获得关注和认可。

另外,值得一提的是,《"十四五"国家老龄事业发展和养老服务体系

规划》相比上一个同位政策《"十三五"国家老龄事业发展和养老体系建设规划》，在全称上发生了变化。从"十三五"的"养老体系建设规划"到"十四五"的"养老服务体系规划"，不仅是文件名称的变化，更体现出我国老龄事业的稳步向前。这一变化也标志着我国老龄事业已从宏观抽象的体系初步构建阶段，稳步迈入以人为本、以服务为主的产业细化协同发展阶段。

上述两个综合性政策向前承接了 2019 年国务院出台的《关于推进养老服务发展的意见》和中共中央、国务院印发的《国家积极应对人口老龄化中长期规划》的有关行动主旨，向后也为老龄产业的发展谋篇布局，其承上启下的重要地位不言而喻。

具体而言，2019 年《关于推进养老服务发展的意见》中的"健全市场机制，完善养老服务体系，优化养老服务供给，扩大养老服务投资，持续释放养老的消费潜力"，以及《国家积极应对人口老龄化中长期规划》中的"人口老龄化的战略、夯实应对人口老龄化的社会财富储备、打造高质量为老服务和产品供给体系、经济社会发展始终与人口老龄化进程相适应"等重要指示和目标，均在 2021 年的《意见》和《规划》中得到了延续、深化和细化。其中，"优化养老服务供给"直接体现在了新政策中的"推动养老服务体系高质量发展"这条主线上。而"释放养老需求"，继而提高老年人群甚至是中青年人群的购买支付力，扩大市场需求，使老龄产业逐步形成一个完整的闭环，为最终打造一个"老龄事业和产业协同发展"的产业生态链创造了先决条件，这是另一条被继承和发展的主线。2021 年的这两个综合性政策继承并发展了"优化服务供给"和"释放养老需求"这两个思路，扎实地迈出了产业协同的步伐。

随着将应对人口老龄化摆到更重要的位置，未来我国也将进一步释放养老、健康产业的增长潜力，从而为经济持续健康发展进一步夯实基础。因而，我们也可以判断，今后的养老政策也必将在"服务优化"和"产业协同"这两条主线上不断深化、细化、演进和发展。

2. 织牢兜底性养老服务网，扩大普惠型养老服务覆盖面

作为主线之一，"优化服务供给"的要求几乎贯穿了所有的养老综合性政策之中。《意见》聚焦新时代、聚焦老龄工作、聚焦老年人的急难愁盼问题，将满足老年人需求和解决人口老龄化问题相结合，在加快建立健全相关政策体系和制度框架，推动老龄事业高质量发展上发挥了重要作用。而《规划》在相关内容和表述上做了深化、细化和补充，具体可以归纳为"强保障""兜底线""扩普惠"和"重健康支撑"等四个方面。

■ 强保障

（1）完善基本养老保险，推动个人养老金发展。不断扩大基本养老保险覆盖面。尽快实现企业职工基本养老保险全国统筹。实施渐进式延迟法定退休年龄。大力发展企业年金、职业年金，提高企业年金覆盖率，促进和规范发展第三支柱养老保险，推动个人养老金发展。

（2）完善基本医疗保险体系。逐步实现门诊费用跨省直接结算，扩大老年人慢性病用药报销范围，将更多慢性病用药纳入集中带量采购，降低老年人用药负担。

（3）稳步建立长期护理保险制度，重点解决重度失能人员基本护理保障需求。适应我国经济社会发展水平和老龄化发展趋势，构建长期护理保险制度政策框架，协同促进长期照护服务体系建设。

■ 兜底线

（1）开展老年人能力综合评估，建立基本养老服务清单制度。针对不同老年人群体分类提供服务。各地要根据财政承受能力，出台基本养老服务清单，对健康、失能、经济困难等不同老年人群体，分类提供养老保障、生活照料、康复照护、社会救助等适宜服务。

（2）强化公办养老机构兜底保障作用，优先安排失能老年人入住。坚持公办养老机构公益属性。提升公办养老机构服务水平。加大现有公办养老机构改造力度，提升失能老年人照护能力，增设失智老年人照护

专区。

(3)加快补齐农村养老服务短板。以村级邻里互助点、农村幸福院等为依托,构建农村互助式养老服务网络。

■ 扩普惠

(1)街乡区域养老服务中心与社区养老服务机构共同构建"一刻钟"居家养老服务圈。

(2)重点支持养老机构照护服务能力提升,护理型床位占比提高到 55%。

(3)严格按照人均用地不少于 0.1 平方米的标准,规划设置社区养老服务设施。

(4)实施普惠养老专项行动,完善市场原则下的普惠价格形成机制。

■ 重健康支撑

(1)实施老年健康服务体系建设行动。

(2)实施医养结合能力提升专项行动。

(3)设立老年医学科的二级及以上综合性医院占比达到 60% 以上。

3. 强化居家社区养老服务能力,提升养老服务整体质量

居家养老是绝大多数老年人最现实的养老形式,因此,提升其服务质量是"优化服务供给"的重要方面。《规划》提出,要强化居家社区养老服务能力,提供多层次、多样化的居家社区养老服务。主要措施体现在:

■ 构建老年助餐服务体系

(1)建立老年人助餐服务网络,打造一批食材可溯、安全卫生、价格公道的标准化社区老年助餐服务点(老年食堂)。

(2)重点补齐农村、远郊等助餐服务短板,支持当地养老服务机构、餐饮场所等增加助餐功能,推广邻里互助的助餐模式。

(3)丰富和创新助餐服务提供机制,因地制宜采取中央厨房、社区食堂、流动餐车等形式,降低运营成本,便利老年人就餐。

■ 开展老年助浴助洁和巡访关爱服务

(1)发展老年人助浴服务,支持社区助浴点、流动助浴车、入户助浴等多种业态发展,培育一批专业化、连锁化助浴机构。

(2)研究制定老年人助浴服务相关标准规范,加强养老护理员助浴技能培训。

(3)加强居家老年人巡访关爱,通过"社工＋邻里＋志愿者＋医生"相结合的方式,为特殊困难老年人提供身心关爱服务。

■ 发展老年医疗康复和安宁疗护服务

(1)支持医疗资源丰富的地区,将部分公立医疗机构转型为护理院、康复医院。

(2)支持有条件的医疗卫生机构,为失能、慢性病、高龄、残疾等行动不便或确有困难的老年人,提供家庭病床、上门巡诊等居家医疗服务。

(3)公立医疗机构为老年人提供上门医疗服务,采取"医疗服务价格＋上门服务费"的方式收费。

(4)支持社区和居家安宁疗护服务发展,建立机构、社区和居家相衔接的安宁疗护服务机制。

■ 培育老年人生活服务新业态

(1)推动"互联网＋养老服务"发展,推动互联网平台企业精准对接为老服务需求,支持社区养老服务机构平台化展示,提供"菜单式"就近便捷为老服务,鼓励"子女网上下单、老人体验服务"。

(2)培育城市级综合信息平台和行业垂直信息平台,引导有条件的养老服务机构线上线下融合发展,利用互联网、大数据、人工智能等技术创新服务模式。

(3)鼓励互联网企业开发面向老年人各种活动场景的监测提醒功能,利用大数据方便老年人的居家出行、健康管理和应急处置。

《意见》和《规划》中"提高养老服务质量"的这条"主线"涉及老年人群"吃住行、医养终"的方方面面,可谓点亮了我国 2.6 亿老年人的养老希望。

4. 以产业化思维应对养老瓶颈问题,推动老龄事业和产业协同发展

"老龄产业"在两大综合性政策中被正式提出。在《意见》第六大点"积极培育银发经济"中第十六条"加强规划引导"部分,提出"编制相关专项规划,完善支持政策体系,统筹推进老龄产业发展",这是近年来首次出现的"产业化"表述,综观全文共有 7 处提到了"产业"。而在《规划》中,则明确提出"推动老龄事业和产业协同发展"的任务,整个规划提到"产业"的次数多达 23 次。可以预见,用产业思维来对待老龄事业的发展,用发展老龄产业的思路来应对老龄化、解决养老服务所面临的瓶颈问题正逐渐成为共识。

在《规划》中,与老龄产业发展相关的规划指引体现在五大方面:

■ 发展银发经济

(1)围绕衣、食、住、行,研发制造针对不同生活场景的各类老年用品,发展健康促进类康复辅助器具。

(2)规划布局 10 个左右高水平的银发经济产业园区,打造一批银发经济标杆城市。

(3)应用智能交互、智能操作等技术提升健康监测、养老监护、日用辅助用品等产品实用性。开展家庭、社区、机构等多场景的试点试用。

■ 积极老龄观

(1)发展老年教育。筹建国家老年大学,开展多种形式的老年教育。

(2)开发老年人力资源。加强老年人就业服务,开展"银龄行动"。

(3)丰富文体休闲生活。发展老年文化服务、老年体育健身,促进养老和旅游融合发展。

■ 营造老年友好型社会环境

(1)完善家庭养老支持政策体系。

(2)推进社区和家庭、公共场所的适老化改造。

(3)推进智能化服务适应老年人,长效解决"数字鸿沟"难题。

(4)鼓励争创积极应对人口老龄化重点联系城市,开展全国示范性老年友好型社区创建活动。

■ 增强发展要素支撑体系

(1)推动党政机关和国有企事业单位所属培训疗养机构主要转型为普惠型养老服务设施。

(2)科学规划布局新增养老服务设施用地,支持利用存量场所改建养老服务设施。

(3)2022年,不低于55%的福利彩票公益金用于支持养老服务,拓宽金融支持养老服务渠道。

(4)实施人才队伍建设行动,"老年医学人才队伍＋为老服务人才队伍"均提质扩容。

■ 推动事业与产业协同发展

从《意见》到《规划》,除了以上提到的适老产业发展的部分内容,还提出要积极推动老龄事业和产业协同发展,鼓励服务业多业态深度融合发展多样化服务,最大化地整合资源,扩大市场需求。老龄事业与老龄产业协同发展,将使与养老相关的健康管理、长期照护、医养结合、老年教育、老年人力资源、智慧养老、职业教育、养老社区等专业细分领域释放出巨大的发展机遇。

我们相信,随着顶层设计的进一步完善,产业支持力度的进一步加大,社会各界对发展老龄事业和产业的认识和理解程度进一步加深,在社会各界的参与和共同努力下,我们可以更加积极地应对人口老龄化,并找到应对人口老龄化的中国解决方案。

（三）养老照护政策：聚焦基本服务兜底保障，强化居家社区养老服务能力

1. 突出政府的保基本、兜底线、补短板职能，同时引导市场发挥作用

"十四五"时期我国养老服务体系建设任务繁重，基本公共服务供给压力大。截至 2020 年年底，我国 60 岁及以上的老年人口达到 2.64 亿，随着始于 1962 年婴儿潮一代人口在 2022 年进入老年，今后 15 年左右，老年人口将以更快的速度增长，供求不平衡态势将进一步加剧。为确保"老有所养"的服务供给，相关部门既要明确如何划分责任，又要明确如何来出"钱"。

2021 年 6 月，国家发改委、民政部、国家卫健委联合印发的《"十四五"积极应对人口老龄化工程和托育建设实施方案》（发改社会〔2021〕895号，简称《方案》）给出了答案——在政府和市场的关系上，政府要兜牢基本公共服务的底线，比如一定岁数以上老年人的健康评估就属于基本公共服务。

《方案》提出，区分基本公共服务和非基本公共服务。对于基本养老服务，明确受益范围和基础标准，体现政府责任；对于非基本公共服务，提出发展目标，加大对社会力量的支持，扩大有效供给；引导社会力量提供适老化技术和产品，推广老年人居家适老化改造。该方案突出了政府保基本、兜底线、补短板的职能定位，符合公共财政要求，同时还要引导市场发挥作用。

而在资金支持方面，政府和市场、中央和地方、财政和金融等多股力量进行协同配合。中央预算内投资发挥引导和带动作用，建立激励机制，鼓励地方真抓实干。在支持力度上，对于公办养老服务机构能力提升项目，中央预算内投资原则上按照东、中、西部地区分别不超过床均建设投

资或平均总投资的 30%、60% 和 80% 的比例进行补助。此外,政府还将引导金融机构对普惠养老、普惠托育企业和机构提供金融支持,对普惠养老、普惠托育专项行动提供多样化金融服务。

《规划》对上述"解决方案"予以了肯定,同时提出要"坚持公办养老机构公益属性","建立公办养老机构入住评估管理制度","加大现有公办养老机构改造力度",以及"提升公办养老机构应急保障能力"等强化公办养老机构兜底保障作用的举措,并要求"各级政府持续推进公办养老机构建设,加强特困人员养老保障,对经济困难的高龄、失能老年人给予补贴"等财政支持。

2. 继续鼓励居家社区养老,出台政策破解居家养老照料看护难题

除了"兜底保障"和"资金支持"外,《方案》还突出了另外两大养老服务载体——"社区居家养老"和"日间照料中心"。居家社区养老模式将继续得到鼓励,居家养老的照料看护难题也有望得到一定程度地解决。

居家养老有利于老年人的社会参与,有利于家庭成员的代际支持,是最符合中国人养老理念的养老方式。夯实社区居家养老服务网络是对居家养老的重要支持。在这种模式下,居家养老不是把所有责任都甩给家庭,而是利用社区这一平台为居家养老提供基本的公共服务和社会支持。可以看到,目前国家层面已经有了专项行动规划,并提出要给予真金白银的投入。另外,对高龄和失能失智老人的照料是居家养老的一大痛点和"刚需",为此政策提出要大力发展日间照料中心,丰富服务项目,提升服务质量,为全国高龄和失能失智老人的居家养老送来政策的"及时雨"。

居家社区养老是当前人口老龄化发展的客观要求和社会养老保障体系的必要补充,也是提高老年人生活质量和构建和谐社会的重要组成部分。基于此,《规划》延续了"十三五"以来对居家社区养老服务的一贯重视,提出"强化居家社区养老服务能力",并提出多项新举措进一步提升社区居家养老服务的重要性,为今后全面构建居家社区养老服务体系夯实基础。

3. 推行养老服务强制性国家标准,划定养老机构服务安全"红线"

当前养老机构缺乏全国统一的服务质量标准和评价体系,养老机构服务质量也缺少监管体系。国家层面已为此谋篇布局,出台了相关政策积极应对。

为落实《国务院办公厅关于推进养老服务发展的意见》(国办发〔2019〕5 号)中"制定确保养老机构基本服务安全的强制性国家标准"的要求,加快完善养老服务标准化体系,更好发挥标准引领作用,国家市场监督管理总局和国家标准化管理委员会于 2019 年制定了《养老机构服务安全基本规范》(GB 38600‐2019)。2022 年 1 月 1 日起,《养老机构服务安全基本规范》正式生效实施。

这是我国养老服务领域的第一项强制性国家标准,明确了养老机构服务安全"红线",将有利于防范、排查和整治养老机构服务中的安全隐患,进一步推进养老服务的高质量发展。

(四) 智慧养老政策:新《行动计划》提档升级,智慧养老前景可期

1. 新《行动计划》明确新愿景与重点任务,"智慧养老"迎来黄金发展期

2017 年,工信部、民政部、国家卫健委联合发布了《智慧健康养老产业发展行动计划(2017—2020 年)》(工信部联电子〔2017〕25 号,简称《行动计划(2017—2020 年)》)。自《行动计划(2017—2020 年)》发布以来,智慧健康养老产品和服务不断丰富,标准体系初步建立,新业态持续涌现,智慧健康养老理念深入人心,发展环境不断优化,产业发展取得了一定成果,但仍面临技术产品供给不足、融合应用不够、产业公共服务能力薄弱等问题。

在这一背景下，为了深入贯彻党的十九大和十九届五中全会提出的健康中国战略和积极应对人口老龄化国家战略，进一步推动智慧健康养老产业创新发展，保持政策的延续性和稳定性，2021 年 10 月，三部委再次联合发布了《智慧健康养老产业发展行动计划（2021—2025 年）》（工信部联电子〔2021〕154 号，简称《行动计划（2021—2025 年）》）。这是在 2017 年行动计划基础上新提出的下一个五年规划，为智慧健康养老产业的未来五年发展提供了方向指引。

《行动计划（2021—2025 年）》聚焦于四大核心愿景目标，即科技支撑能力明显提升、产品服务更加丰富、试点示范逐步深化、产业生态不断完善。为打造智慧健康养老新产品、新业态、新模式，《行动计划（2021—2025 年）》提出"强化信息技术支撑，提升产品供给能力；推进平台提质升级，提升数据应用能力；丰富智慧健康服务，提升健康管理能力；拓展智慧养老场景，提升养老服务能力；推动智能产品适老化设计，提升老年人智能技术运用能力；优化产业发展环境，提升公共服务能力"等六大重点工作任务。在每一项任务之下，都有具体的"升级版"的细化任务，如平台提升方面，提出要做强智慧健康养老系统平台，包括全民健康信息平台、区域智慧健康养老综合信息系统平台等，以及鼓励企业发展健康管理分析功能和远程医疗服务功能的应用软件及信息系统等。总体来看，《行动计划（2021—2025 年）》强调以健康及养老场景为牵引，强化信息技术产品的集成应用，加速智慧健康养老产业集聚，形成产业发展创新高地等，这些都反映了其颇具亮点的发展思路。

而《规划》则为智慧健康养老产业提出了"精准化、平台化、菜单式"的方向指引性发展要求——"推动'互联网＋养老服务'发展，推动互联网平台企业精准对接为老服务需求，支持社区养老服务机构平台化展示，提供'菜单式'就近便捷为老服务，鼓励'子女网上下单，老人体验服务'"。

由此可见，发展智慧健康养老已成为老龄产业中越来越重要的课题。其原因在于：一是要实现养老行业的可持续发展；二是要适应信息技术发展的必然趋势,信息技术一定会渗透到各行各业,包括传统的养老行业;三是要多业态并举创新养老服务,形成新的增长点。而用大数据挖掘用户需求催生出新的业态,发展出新的商业模式,扩大新的市场需求,正是老龄事业和产业协同发展的驱动力之一。

2. 各专项政策力推老年用品科技化、智能化升级,科技赋能养老加速行进

为了应对老年人运用智能技术遇到困难、难以适应数字化智能化时代的问题,国家层面针对性地出台了一系列专项政策。

2021 年 2 月,工信部发布《关于切实解决老年人运用智能技术困难便利老年人使用智能化产品和服务的通知》(工信部信管函〔2021〕18号)。该通知提出要重点开展为老年人提供更优质的电信服务、开展互联网适老化及无障碍改造专项行动、扩大适老化智能终端产品供给、切实保障老年人安全使用智能化产品和服务等四个方面的工作。

2021 年 7 月,教育部发布《关于广泛开展老年人运用智能技术教育培训的通知》(教职成厅函〔2021〕15 号)。该通知旨在提升老年人运用智能技术的能力,更多开展相关培训及教育工作,助力老年人享受智慧生活,跨越"数字鸿沟"。

此外,其他不同形式的专项政策还有:

■ 2021 年 4 月,《工信部部署进一步抓好互联网应用适老化及无障碍改造专项行动实施工作》(工信厅信管函〔2021〕67 号);

■ 2021 年 6 月,《国家卫生健康委关于做好 2021 年"智慧助老"有关工作的通知》(国卫老龄函〔2021〕117 号);

■ 2021 年 8 月,《用于老年人生活辅助的智能家电系统架构模型》(GB/T 40439 - 2021);

■ 2021 年 8 月,《适用于老年人的家用电器通用技术要求》(GB/T 40443 - 2021);

■ 2021 年 9 月,《国家发展改革委办公厅关于推介运用智能技术服务老年人示范案例的通知》(发改办社会〔2021〕743 号)。

科技养老、智慧养老相关专项政策在 2021 年度以通知、标准、示范案例等多种形式发布,内容上已与多个养老产业的细分领域相融合。这其中尤其以"架构模型"和"通用技术要求"等文件的出现为亮点,弥补了我国智慧养老标准化工作方面的空白。预计将来还会有更多类似的技术标准陆续问世,而科技养老、智慧养老也将在未来很长一段时间内,成为助力老龄产业快速有序发展的"生力军"。

这一趋势在综合性政策中也得到明显体现。《规划》明确提出"促进老年用品科技化、智能化升级"和"建设兼顾老年人需求的智慧社会"的任务。《规划》还多次提及"智慧养老"和"科技养老"的理念,涉及老年用品、养老服务、医养结合等多个养老细分领域。相比"十三五"时期提及的"提升老年用品科技含量"这一单一层面,"十四五"《规划》无论是从篇幅还是频次上都有了大幅增加,展现了我国对科技助老的重视程度,以及运用"互联网＋"手段创造性地解决养老问题的新时代创新精神,也为科技养老、智慧养老增添了新的活力,注入了新的动力。

(五) 养老金融服务政策:个人养老金制度闪亮登场,强化第三支柱发展支撑

1. 出台多项政策助力个人养老金发展,个人养老金业务开展条件日趋成熟

我国养老金融起步晚,产品供给有限,产品分布失衡,而且存在产品市场细分不足、针对性不强、同质化严重等问题,这些因素都限制了我国养老服务金融产业的发展。同时,商业养老金融是养老第三支柱的重要组成部分,规范和促进其发展又是落实党中央、国务院关于规范发展第三

支柱养老保险决策部署的举措之一。为此,有关部门通过专项政策提前试点布局,并加强专业机构监管,引导规范发展,为后续制度的出台打下了坚实的基础。

■ 2021 年 5 月,《中国银保监会办公厅关于开展专属商业养老保险试点的通知》(银保监办发〔2021〕57 号)发布,在浙江省(含宁波市)和重庆市开展专属商业养老保险试点。

■ 2021 年 8 月,《中国银保监会办公厅关于开展养老理财产品试点的通知》(银保监办发〔2021〕95 号)发布,选择"四地四家机构"开展养老理财产品试点。

■ 2021 年 9 月,中国银保监会披露《关于筹建国民养老保险股份有限公司的批复》(银保监复〔2021〕701 号),同意工银理财有限责任公司、农银理财有限责任公司、中银理财有限责任公司等 17 家公司共同发起筹建国民养老保险股份有限公司。

■ 2021 年 11 月,民政部、国家开发银行发布《关于"十四五"期间利用开发性金融支持养老服务体系建设的通知》(民发〔2021〕94 号),支持各地有效利用国家开发银行养老服务体系建设专项贷款,落实有关养老服务体系建设。

■ 2021 年 12 月,《中国银保监会办公厅关于规范和促进养老保险机构发展的通知》(银保监办发〔2021〕134 号)发布,对商业养老金融的业务规则作出原则性规定,提出建立多元发展格局,支持银行保险机构开展个人养老金业务,倡导银行保险机构稳步推进商业养老金融发展。

国家层面通过试点、扩大市场需求、资源整合、规范引导等多项举措,助力个人养老金融发展,为个人养老金业务开展创造了先决条件,使个人养老金实施条件日趋成熟。

2. 出台个人养老金制度，为第三支柱养老保险创造更好的制度和市场环境

当前我国已初步建立起包括基本养老保险、企业(职业)年金、个人商业养老保险的第三支柱养老保险体系，但是由于第三支柱发展规范程度较低，特别是个人养老金制度不够完善，使得居民缺乏能够获得稳定和充足收益的养老金投资渠道。随着我国人口老龄化问题日趋严重，政府支出已难以覆盖快速增长的养老金缺口，为了保证养老金的长效发放，养老负担的重心将从国家逐渐转移至个人，建设以个人为主的养老金体系已势在必行。

2022年4月，国务院办公厅正式发布《关于推动个人养老金发展的意见》(国办发〔2022〕7号)。根据该文件，参加城镇职工基本养老保险或者城乡居民基本养老保险的劳动者，可以参加个人养老金制度。个人养老金与基本养老保险、企业(职业)年金相衔接，实现养老保险补充功能。这一重磅文件的落地，为推进多层次、多支柱养老保险体系建设，促进养老保险事业可持续发展，满足人民群众日益增长的多样化养老保险需要指明了方向。

个人养老金和基本养老保险不同，基本养老保险由国家强制实施，个人养老金由个人自愿参加。与企业年金、职业年金由用人单位及其职工建立、共同缴费不同，个人养老金只由个人缴费。

根据《关于推动个人养老金发展的意见》要求，个人养老金制度具有以下三个特点：

■ 政府政策支持，通过给予税收优惠支持，鼓励参保人积极参加。参加人通过个人养老金信息管理服务平台建立本人唯一的个人养老金账户，记录所有相关信息，作为参加个人养老金制度、享受税收优惠政策的基础。

■ 个人自愿，即先有基本再有补充，要先参加基本养老保险，具备了

这一条件，都可以自愿参加个人养老金。参加人的个人缴费全部归集到个人资金账户，完全积累，长期缴费则持续增加个人账户基金积累。参加人达到领取基本养老金年龄等条件后，可以自己决定是按月、分次或者一次性领取个人养老金，转入本人社会保障卡银行账户自由支配。

■ 市场化运营。个人养老金缴费可以用于购买符合规定的银行理财、储蓄存款、商业养老保险、公募基金等金融产品。也就是说，买什么、何时买都由参加人自主选择、自主决定。充分发挥市场作用，营造公开、公平、公正的市场环境。

多层次养老保障体系是实现"老有所养"的有力支撑。目前，我国基本养老保险对于多数人来说只能保基本，企业年金、职业年金的覆盖面也依然有限。个人养老金作为养老保障体系的第三支柱，是对第一支柱和第二支柱的有力补充，可满足多个群体的需求，推动其发展，可谓恰逢其时。

此外，个人养老金在本质上是一种长期储蓄工具，通俗来讲，就是把现在的钱留到未来花。年轻人主动将部分余钱提前进行储蓄和投资，以便退休时获得更多现金流，避免老年生活拮据。个人养老金制度所面对的人群范围大，市场需求可进一步得到激发，对今后适龄人群购买力的提升、产业链的打造也具有积极意义。

个人养老金账户制的优势显而易见，其所具备的灵活性、个性化、适应性等特点，符合群体多样化、情况多变的个人养老金积累的特点，方便个人根据自身需求进行养老金产品在不同金融机构的产品间转移。税收优惠则是个人养老金制度的最大"亮点"，国家通过税收政策支持建立个人养老金制度，与市场化运营的个人商业养老金融业务相互补充、相互促进。

不过我们仍然应当看到，个人养老金制度中的一些细则仍有完善空间，比如"税收优惠"条款的具体规定和执行，投资中的"符合规定"较为模糊,并未对个人养老金账户管理资格进行明确规定等。相信有关部门今后还会出台针对性的组合政策配合执行,形成一套制度上的"组合拳",推动第三支柱养老保险可持续发展。

《北京市养老服务专项规划(2021年—2035年)》解读

燕则铭

(一)出台中长期养老服务专项规划,明确总体及中长期目标

北京市人口老龄化加速和老年群体需求显著变化都对养老服务提出了新的挑战。2020年年底,北京市60岁及以上常住人口总量已接近430万,约占常住总人口的20%。根据北京市老龄工作委员预测,到2025年老年人口占比将达到24%,从轻度老龄化迈入中度老龄化阶段;到2035年,老年人口将接近700万,占比将会超过30%,进入重度老龄化阶段。另外,北京市养老服务在全国范围内起步较早,取得了一定成效,老年群体需求也正在由生存型向享受型转变,关注重点由生活保障向生活品质转型,养老服务供给与老人需求多样化的矛盾日益突出。这些情况对发展多层次、精准化的养老保障体系和服务供给提出了更高要求。为了解决上述问题,2021年9月,北京市民政局等部门出台了《北京市养老服务专项规划(2021年—2035年)》(京民养老发〔2021〕118号,简称《规划》)。

《规划》共7章,分别是规划背景、建设老年友好型社会、完善就近精准养老服务体系、创新养老服务体系结构、织密养老服务供给网络、培育发展养老服务产业和规划实施。《规划》提出了规划总目标及中长期发展目标。

■ 规划总目标:围绕国际一流的和谐宜居之都及老年友好型城市的

建设目标,坚持老残儿一体发展原则,全面建成全面覆盖、城乡统筹、独具北京特色的"三边四级"精准居家社区养老服务体系。

■ 中期目标:到 2025 年,全市千人养老床位数达到 7 张,建立起与北京市社会经济发展水平相当、城乡一体的精准养老服务体系。实现养老服务设施均衡布局,实现街乡镇养老照料中心和社区养老服务驿站全覆盖,街乡镇养老服务联合体和市区养老服务联动支援机制不断推进,京津冀区域养老服务协同发展深化拓展。

■ 长期目标:到 2035 年,全市千人养老床位数达到 9.5 张,全面建立街乡镇养老服务联合体和市区养老服务联动支援机制,失能失智老年人 90% 以上可获得优质高效的长期照护服务,老年人可享受便捷可及、品质较高的养老服务。

《规划》贯彻落实了《国家积极应对人口老龄化中长期规划》和《关于推进养老服务发展的意见》(国办发〔2019〕5 号)等文件相关要求,兼顾了北京市老年人养老中、长期需求,将养老服务发展与服务空间布局有机融合,是指导北京市养老服务中长期发展的重要依据。

(二)持续深化和完善独具特色的"三边四级"就近精准养老服务体系

为了解决老年人就近养老需求,提供更优质高效的服务,北京市经过不断探索实践,提出了构建"三边四级"就近精准养老服务体系。在政府主导下,通过形成"市级指导、区级统筹、街乡落实、社区参与"的四级居家养老服务网络,实现老年人在其"周边、身边、床边"就近享受居家养老服务。北京市政府于 2016 年第一次提出这一概念,随后出台了一系列政策,从明职责、扩规模、加密度、强功能等方面推动养老服务体系建设。

■ 2016 年 10 月,北京市人民政府办公厅发布《关于贯彻落实〈北京市居家养老服务条例〉的实施意见》(京政办发〔2016〕48号),提出力争经过3—5年时间,基本建成具有首都特色的居家养老服务体系,为老年人提供就近便利、安全优质、价格合理的居家养老服务。

- 2017年1月,北京市人民政府发布《北京市"十三五"时期老龄事业发展规划》(京政发〔2016〕59号),要求明确定位、统筹资源,建设区级养老服务指导中心、街道(乡镇)养老照料中心和社区养老服务驿站,构建市级指导、区级统筹、街道(乡镇)落实、社区参与的居家养老服务四级网络。

- 2020年5月,北京市人民政府办公厅发布《关于加快推进养老服务发展的实施方案》(京政办发〔2020〕17号),要求坚持就近精准原则,推进社区养老服务设施建设,补齐农村养老服务短板,加强对居家社区养老服务统筹。

- 2021年11月,北京市老龄工作委员会发布《北京市"十四五"时期老龄事业发展规划》(京老龄委发〔2021〕2号),要求大力发展就近养老服务,落实居家养老服务条例,完善街道社区就近养老服务网络。

就近精准养老服务体系建设已经取得初步成效,在此基础上《规划》要求深化养老服务综合改革,持续完善就近精准养老服务体系,并提出了中长期发展目标:充分考虑功能疏解、减量发展,到2025年,规模适度、覆盖城乡的"三边四级"精准居家养老服务体系基本形成;到2035年,养老服务保障更加精准,设施布局更加合理,服务供给更加多元,养老服务质量明显提升。

(三)重新界定养老"三张床",将专业养老服务向家庭精准延伸

《规划》对于养老床位进行了重新界定,明确养老床位包括长期集中

养老床位、短期托养床位以及家庭照护床位等"三张床",以满足绝大多数失能老年人就近获取长期照护服务的需求。其中,建设家庭照护床位是第一次写入北京市级养老规划文件当中,得到了政府的高度重视。养老家庭照护床位是指由养老服务机构依托现代化信息技术和照护管理服务模式,为居住在家的重度失能和重度残疾老年人提供生活照料、安全协助、健康管理等专业服务,使老年人在家中获得相当于一般养老机构服务标准的整合性养老服务。家庭照护床位的出现是为了解决在北京市的"9064"养老格局下,部分失能半失能状态的老人不愿意或无法到机构生活,但又急需专业服务的社会问题。家庭照护床位是在现代化信息技术支撑下的养老机构床位的延伸,也推动居家养老服务体系从粗放模式向精细化模式发展。

- ■ 2021年4月,北京市民政局等六部门联合印发《北京市养老家庭照护床位建设管理办法(试行)》(京民养老发〔2021〕47号),要求依托就近的养老服务机构,通过家庭适老化改造、信息化管理、专业化服务等方式,将养老服务机构的床位搬到老年人家中,将专业的照护服务送到老年人的床边。

- ■ 2021年10月,北京市民政局印发《北京市"十四五"时期民政事业发展规划》(京民研发〔2021〕165号),提出完善超大城市养老服务体系,加快补齐养老服务短板,增强家庭养老照护服务能力。到2025年,北京市将建设不少于1万张养老家庭照护床位。

北京市在养老服务设施方面,逐渐由注重机构建设转变为大力发展居家养老服务,这将成为北京市下一阶段的工作重点。通过增设家庭照护床位、推进适老化改造工程、完善社区资源和服务体系、建立农村养老服务网络,将养老服务设施逐步向居家、社区、农村倾斜。

(四) 建设三类养老服务联合体,破解精准养老服务落地难题

北京就近精准养老服务体系在实施的过程中,还存在区域养老资源统筹困难、城区养老服务需求与空间错位、社区养老服务能力弱等问题。为了解决上述问题,《规划》创新性地提出建设三类养老服务联合体,并随即出台了一系列政策以推动联合体的落地实施。

一是打造街道(乡镇)养老服务联合体,让所有基本养老服务对象以及其他老年人可在常住的街道(乡镇)获得基本养老服务,就近选择养老服务设施,获取在所属街道(乡镇)的养老床位,获得便捷、专业的临时托养或长期照护服务。

二是推动建立城郊养老服务协作体,通过区域协作,解决核心城区空间不足的问题,满足老年人的养老服务需求。

三是推动建立京津冀养老服务协同体,让老年人在环北京周边有更广阔的选择空间,按自身需求、喜好选择合适的养老机构,享受舒适、宁静、专业的养老服务。

相继出台的政策包括:

■ 2021年7月,京津冀民政部共同签署了《京津冀民政事业协同发展三年行动计划(2021—2023年)》,三地将协同推进养老服务向环京周边地区延伸,完善养老服务协同联动机制,完善京津冀养老服务联席会议制度,加强三地在养老服务设施建设、运营管理方面的交流合作。

■ 2021年11月,北京市老龄工作委员会发布《北京市"十四五"时期老龄事业发展规划》(京老龄委发〔2021〕2号),要求加强社区养老服务与社区综合服务设施的整合利用,推进区域养老服务联合体建设。

■ 2022 年 4 月,北京市人民政府办公厅发布《关于推进街道乡镇养老服务联合体建设的指导意见》,提出加快推进联合体建设,实现养老服务供需精准对接,为辖区内全体老年人提供就近精准养老服务的区域养老模式。

建设养老联合体可以有效整合联合体内外部养老要素资源,为辖区老人提供便捷、专业的养老服务。在政府的监管下,联合体在一定意义上成为了整合和利用区内医疗、设施、运营、服务等资源的养老服务平台,平台上的主体可以发挥自身优势,从而实现多方联动。

(五) 养老设施融入城市总体规划,解决超大型城市空间供给难题

《规划》制定专项举措来贯彻落实北京市城市总体规划,优化养老服务产业布局,解决养老供需不匹配的问题。2017 年 9 月,中共北京市委、北京市人民政府发布《北京城市总体规划(2016 年—2035 年)》,明确了北京市“一核一主一副、两轴多点一区”的新空间布局及各区定位,同时要求城乡建设用地减量提质。在此大背景下,《规划》提出以“一核一主一副、两轴多点一区”的城市空间结构为基础和依据,分区域统筹服务资源,优化养老服务设施空间布局,做实社区养老和机构养老,同时发挥市场作用,鼓励养老产业向外布局。

■ 核心区充分考虑功能疏解、减量发展的要求,原则上不再新增大型养老机构。鼓励将疏解腾退后的闲置设施和建筑改造为养老服务设施,多种途径补充养老空间,提供养老服务。

■ 中心城区内充分利用非首都功能疏解后存留的闲置设施进行改造提升,加密建设小微型养老服务设施,一般床位规模控制在50—150 张。

■ 城市副中心发挥示范引领作用,提高养老服务设施建设水平及服

务保障能力,以中小型养老服务设施为主,共享共建,保障就地养老、就近养老需求。

■ 多点地区主要承接中心城区养老服务功能外溢,合理配置本地城乡养老服务设施,适当建设中小型养老机构,床位规模一般控制在100—500张。

■ 生态涵养区按照绿色发展理念建设健康养护等养老服务设施,加强山区基层养老服务设施建设。

此项举措结合城市空间布局和养老供给需求,成为解决超大型城市难题的北京特色方案,对建设就近精准养老服务体系具有重要意义。另外,《规划》首次明确了养老服务设施缺口计算方法,确立了以人均占有养老设施面积作为新的规划指标,推进养老机构立体化发展。

上海市促进养老产业发展"二十条"解读

张国安

（一）以产业思维对待养老，系统性举措促进养老产业加快发展

上海作为我国最早进入老龄化社会的城市，面对严峻的老龄化形势，一直在积极探索新模式、新方法。面对日益增长的养老服务需求，2005年上海市在全国率先提出"9073"养老模式，探索构建起以居家为基础、社区为依托、机构为支撑的社会养老服务新格局。为了满足老年人就近养老的需求，2013年上海首创了"社区嵌入式养老"模式，并把"嵌入式养老"作为上海超大型城市的养老服务模式首选。为了推进社会养老服务体系建设，2014年上海提出建设涵盖养老服务供给、服务保障、政策支撑、需求评估、行业监管"五位一体"的社会养老服务体系。无论是"9073"、"社区嵌入式养老"，还是"五位一体"等，都是引领我国养老服务业发展方向的首创性举措，可以说上海在应对老龄化、发展养老服务等方面走在了全国的前列。

但是，在新发展阶段，上海市老年人口规模将持续扩大，人口老龄化率持续提高，财政支付压力也将持续增大。与此同时，上海面向居家养老和社区养老为主格局的保障体系还不健全，养老服务供给的质量、布局和效率与需求日益多元化的矛盾还很突出，社会养老在保障条件、硬件设施、资金投入、技术支撑、人才培育等方面还有很多短板。为解决上述问

题,2020 年 5 月上海市人民政府办公厅发布了《关于促进本市养老产业加快发展的若干意见》(沪府办〔2020〕30 号,简称"二十条")。"二十条"围绕供给侧制定了十条措施来增加养老供给,围绕需求侧制定了四条措施来提升养老支付能力,围绕机制创新制定了六条措施来优化制度环境。"二十条"的发布具有重大的实践创新意义,它第一次真正以产业的思维来对待养老所面临的问题,如应对养老产业的供求矛盾、考虑养老产业资源要素的配置问题、营建适应养老产业发展的产业生态、重新定义政府在养老产业中的职责与分工等。"二十条"从全国范围来看也是一项重大的创新,它为解决我国的养老问题提供了新的思路与借鉴。值得一提的是,2021 年 6 月,"养老产业"这一概念首次正式出现在《上海市老龄事业发展"十四五"规划》(沪府办发〔2021〕3 号)文件中。这预示着养老产业或将进入一个崭新的发展阶段。

(二)聚焦五个重点领域,有效增加养老产品和服务供给

经过多年的发展,上海市养老服务供给得到了极大的改善,实现了人人可以享有的基本养老服务,但是养老供求矛盾仍然突出,供给的结构性问题成为制约产业发展的新痛点。为解决中高端供给不足、养老产品和服务的短板与缺陷,"二十条"从产业的供给端出发,聚焦养老照护服务、辅具用品产业、老年宜居产业、老年教育市场、老年旅游产业等五大领域,提出了丰富养老服务产品,满足老年人养老需求的具体举措。

■ **增加多层次养老照护服务。**鼓励各类主体投入,支持外商独资、中外合资养老服务机构在沪发展;鼓励养老服务机构专业化、连锁化、品牌化发展;整合各类服务资源,促进疾病诊疗、医疗护理、生活照料等服务有机衔接和有序转介;引导更多企业提供大多数老年人可负担的普惠养老服务。

- **大力发展养老辅助用品产业。**促进辅具等老年用品产业,支持企业加大研发设计和智能制造;依托辅具产业园,加强创新孵化、产业集聚,吸引企业总部落户;开展康复辅具社区租赁推广,推动医院、养老机构优先采用本市康复辅具优质产品。

- **积极发展老年宜居产业。**支持社会资本开发适合老年人居住的商业住宅产品;鼓励建设年轻人和老年人融合居住的综合社区、长租公寓;支持市场主体利用自有土地、房屋,开发建设养老社区;鼓励市场主体参与老年人居室适老化改造。

- **激发老年教育市场活力。**拓展老年教育办学主体,开发适合老年人特点的教育产品;支持开发线上学习、互动交流等老年数字教育新模式;支持养老服务机构通过外部合作、购买服务等方式,提供主题游学、人文行走、体验学习、文化培训等增值服务。

- **促进老年旅游健康发展。**大力发展红色旅游、邮轮旅游、康养旅游等适合老年人的旅游业态;鼓励旅游企业依托线下门店、线上平台,创新开发更多适合老年人的旅游产品;完善旅游公共服务,加强景区、酒店等旅游基础设施无障碍建设和管理。

以上五条措施从产业经营主体、产品和服务的数量与品质、鼓励支持性措施等方面,来扩大有效供给,对解决养老供给的总量和结构问题有着积极的意义。2021 年 6 月出台的《上海市老龄事业发展"十四五"规划》(沪府办发〔2021〕3 号,简称《规划》)沿用了"二十条"从供给端出发,解决养老有效供给问题的思路,同时还明确提出要推动养老产业与其他产业融合发展,多渠道、宽领域扩大适老产品和服务供给的主要任务。

(三)强化五类要素资源支撑,加快释放养老产业发展动能

资源要素的合理配置是养老产业高质量发展的核心问题。上海养老

产业的发展在人才供给、养老用地、产业投融资、财税支持、科技赋能等方面存在短板和不足,为此,"二十条"对症下药,提出了与产业发展相关的资源要素调节、配置、支持的具体举措,以强化支撑作用、加快释放产业动能。

■ **丰富人力资源供给。** 鼓励高等院校和职业院校开设养老服务、康复辅具等专业,扩大养老产业专业人才招生规模;推动养老服务企业与相关职业院校深度合作,培育一批产教融合型养老服务企业;以世界技能大赛引领培养一批养老领域的卓越技能人才;加快建立统一的养老护理员薪酬等级体系。

■ **拓展用地空间。** 保障新增养老服务设施用地需求;营利性养老服务设施项目鼓励优先以租赁、先租后让方式供应;制订体现均质性、公益性和社会性的养老用地新地价,引导整体地价水平与标准厂房类工业基准地价相当;定期发布存量设施用于养老服务的资源目录。

■ **提升融资能力。** 设立市养老产业投资引导基金,发挥投资带动作用;明确中小微企业政策性融资担保基金对养老产业的支持范围和操作流程;借助银税互动、上海市大数据普惠金融应用等平台支撑,加大养老企业信贷投放;支持符合条件的养老企业通过上市、发行债券和资产支持证券等方式融资;鼓励风险投资、股权投资等机构加大投资于初创阶段、市场前景广阔的养老企业。

■ **加大财税支持。** 加大各类专项资金对养老服务、康复辅具、智慧养老等企业和项目的支持力度;落实国家和本市对小微养老服务企业、社区养老服务机构的税收优惠政策。

■ **强化科技赋能。** 支持智能交互、智能操作、多机协作等关键技术研发和在养老领域的应用;鼓励开发集信息系统、专业服务、智慧养老产品于一体的综合服务平台;定期发布智慧养老服务应用场景需求清单,制订完善智慧养老相关产品和服务标准。

以上要素资源的支撑和投入是上海养老产业稳健快速发展的重要保

证，这些措施在后来发布的《规划》中作了进一步的扩展和延伸，如《规划》提出养老人力资源发展的主要任务是"提升人力资源素质，着力构建总量有保证、素质有提升、参与更充分的老龄事业劳动力供给体系"等。

（四）加快养老金融创新，积极培育消费市场

养老消费是养老产业经济循环的先导性因素，为解决养老市场购买力低下、市场规模小、盈利能力差等问题，必须先提高养老支付能力，释放各层级的消费需求。"二十条"立足于老年群体和养老潜在人群，从多层次养老保险、养老普惠金融、长期护理保险、潜在消费需求等四个方面增强支付能力。

■ **加快发展多层次养老保险。**适时出台激励各类企业建立年金制度的优惠政策，持续拓展企业年金覆盖面；发展个人税收递延型商业养老保险，鼓励保险公司继续优化产品设计和服务，探索简化办理流程；继续发展住房反向抵押养老保险，探索完善合同执行、遗产继承公证等配套制度。

■ **鼓励发展养老普惠金融。**鼓励银行等金融机构优化服务流程，为老年人提供便捷的金融服务；鼓励基金公司扩大养老目标基金管理规模，实行市场化、差异化销售费率管理；鼓励金融机构创新存房养老业务，增强老年人现金支付能力；加强针对老年人的金融知识宣传普及，倡导理性理财观念。

■ **积极发展长期护理保险。**深化长期护理保险制度试点，不断完善需求评估、服务供给、服务监管等制度流程，研究适时拓展保险覆盖范围；鼓励保险机构开发商业长护险产品，覆盖康复辅具等内容，支持推进商业保险公司参与长护险经办服务。

■ **激发潜在消费需求。**通过适度补贴等方式，引导有条件的老年人

购买适宜的专业服务和辅具用品;推动老年用品和服务嵌入老年人线上、线下生活场景;充分发挥家庭的支撑作用,倡导子女更多为老人消费。

以上举措在后来发布的《规划》中作为第一项主要任务,进行了更系统的阐述。《规划》提出要"夯实社会财富储备,着力健全完善更加公平、更可持续、结构合理的老年社会保障体系",分别按照"完善老有所养的养老保险体系""健全老有所医的医疗保障制度体系""完善弱有所扶的社会福利和社会救助体系"和"建立满足多元需求的长期照护保障制度"展开。

(五) 优化五个方面制度环境,夯实产业发展基础

养老产业发展需要一个规范有序、公平公正、开放共享的制度环境。"二十条"从工作机制、产业信息、平台建设、市场竞争、行业监管等多个方面,从无到有地建立健全支撑整个养老产业运行的规则体系。

■ **建立养老产业统筹推进机制。**依托市社会养老服务体系建设领导小组统筹协调养老产业重点项目建设和重大改革创新举措。

■ **建立健全养老产业统计制度。**依据《养老产业统计分类(2020)》(国家统计局令第 30 号),制订养老产业统计目录、统计口径及统计方法,定期发布相关统计数据。

■ **建立健全各类产业服务平台。**支持各类产业创新平台推动关键共性技术、重点产品的联合攻关;依托中国国际进口博览会、上海国际养老辅具及康复医疗博览会促进供需对接;依托"上海市养老服务平台""上海市康复辅助器具产业专利数据库"等信息平台服务企业投资和产品创新。

■ **营造公平开放的政策环境。**定期公布全市现行养老服务扶持政策措施清单和养老服务投资指南;探索对提供基本养老服务的企

业和民办非企业单位给予同等的床位建设、机构运营等补贴支持；打破"供方强，需方弱"的不平衡局面，推动养老服务补贴从"补供方"逐步向"补需方"转变。

■ **加强行业监管**。加大对养老领域非法集资、消费侵权行为的整治力度；持续加强养老照护、金融理财、养生保健、旅游培训等领域的监管，切实保障老年人消费权益。

上海对养老行业运行的制度规则体系建设仍在持续推进中。2021年 9 月上海市民政局出台的《上海市养老服务发展"十四五"规划》(沪社养老领〔2021〕3 号)对制度建设进行了重点部署，把"着眼行业规范发展，完善养老服务综合监管"作为主要任务之一。

(六) 发挥资源优势，推进长三角养老一体化发展

长三角三省一市都面临着人口老龄化的挑战，在长三角一体化的大环境下，江浙沪皖可以发挥各地的资源优势，摆脱单靠自身力量来面对养老问题的逼仄境地，预先在制度层面进行顶层设计和统筹规划，对养老产业在更大的区域范围协同发展有着重大意义。

"二十条"提出，要加强产业规划协同和项目协调，促进产业链上下游对接和功能互补；要推动养老产业支持政策和标准规范方面的衔接共享，共建养老人才培养基地；要探索异地养老新模式，制定配套的支持政策。

此项举措的背后有构建长三角养老统一大市场的深意。统筹安排产业布局，促进要素资源流动，推动产业政策协同，发挥上海养老产业示范作用，可以整体提升长三角养老产业竞争力。同时，这项举措也是对2019 年 12 月中共中央、国务院发布的《长江三角洲区域一体化发展规划纲要》的积极响应。随着"二十条"的出台，推进长三角养老产业一体化发展也第一次写入了三省一市的养老"十四五"规划。

《重庆市养老服务体系建设"十四五"规划》解读

陶斯劼

（一）密切结合养老行业现状，制定养老服务体系建设规划

据重庆市老龄委办公室 2019 年统计数据，重庆市 60 岁及以上老年人口达 719.55 万人，占户籍总人口的 20.76%，占比位居西部地区第一。全市 80 岁以上高龄老人 100.39 万人，占老年人口总数的 14.24%。重庆市已步入深度老龄化。

"十四五"时期，重庆市人口老龄化率预计将进一步提升，老年人消费需求不断升级，养老服务市场潜力巨大，养老产业发展具备较为坚实的物质基础、优质的人力资本和良好的营商环境。但同时也要看到，全市养老服务质量不优、发展不平衡的问题依然存在。基本养老服务体系、养老服务评估体系、居家养老服务体系亟待健全，社区居家养老服务网络仍需完善，养老服务专业化、标准化水平亟待提升。农村养老服务发展较为缓慢，特殊困难老年人群基本养老服务保障仍需加强。养老事业和产业仍需深入渗透、相互融合，养老服务与康复、家政、老年产品用品、人工智能等产业融合度较低。

在此背景下，2022 年 2 月，重庆市人民政府发布了《重庆市养老服务体系建设"十四五"规划（2021—2025 年）》（渝府发〔2022〕15 号，简称《规划》）。《规划》主要阐述规划期内市政府对养老服务体系建设的战略意图

和施政方向，明确养老服务体系建设的总体要求、主要任务和保障措施，是制定相关政策和安排重点建设项目的重要依据。

《规划》共有十四章，设置一个养老服务体系建设主要指标专栏和五个重点项目专栏。《规划》具体分为三大部分：

- 第一部分为总体思路，即第一章至第二章，主要是总结"十三五"期间养老服务体系建设主要成就，分析"十四五"期间发展形势，明确指导思想、基本原则和发展目标。

- 第二部分为任务举措，即第三章至第十三章，围绕六大领域，全面部署重点任务，包括建立健全基本养老服务体系，完善社区居家养老服务网络，推动机构养老服务提质增效，提升农村养老服务供给质量，提升医养康养结合服务能力，大力发展银发经济，加强养老服务人才队伍建设，建立健全老年人关爱服务体系，促进养老服务行业规范有序发展，强化养老服务发展要素支撑，推进成渝地区养老服务协同发展。

- 第三部分为保障措施，即第十四章，从坚持党的领导、健全工作机制、加强舆论宣传、落实评估考核四个方面强化规划实施保障，确保《规划》落地实施。

《规划》既是对国家层面《"十四五"国家老龄事业发展和养老服务体系规划》（国发〔2021〕35号）的贯彻落实，又结合了重庆市的实际情况有所突破创新。其中，完善社区居家养老服务、提升农村养老服务、发展银发经济、推进成渝地区养老服务协同发展四大方面的规划，重庆市对标国家层面的要求，理解得比较透彻，展开得比较深入，细化得比较到位。

（二）实施社区居家养老服务提升行动，重点打造"一刻钟"养老服务圈

为加强养老服务保障，扩大养老服务供给，重庆市将实施社区居家养

老服务提升行动。社区居家养老服务提升行动包括三个工程：

- 社区居家养老服务能力提升工程。重庆市将织密城市社区居家养老服务网络，社会化运营率达到100％；以乡镇（街道）为单位，加快完善养老服务设施建设，扩大养老服务的覆盖面。到2025年，完成小区适老化改造50个，困难老年人家庭适老化改造2万户；新增小区养老服务点1000个、家庭养老床位5000张。

- "一刻钟"养老服务圈建设工程。重庆市将支持和引导社区居家养老服务组织，依托现有社区居家养老服务机构，延伸建设运营一批社区嵌入式小型养老服务机构，实现社区居家机构养老服务融合发展，全面构建"一刻钟"养老服务圈。

- 智慧养老升级工程。重庆市将以新一代信息技术为引领，培育养老新产业、新业态、新模式，加快建成全市养老大数据信息服务平台，推进区县、社区养老服务设施智慧化升级。到2025年，建成区县级智慧养老服务平台20个，智慧健康养老应用试点企业10个、乡镇（街道）10个、示范基地10个。

对标国家层面《"十四五"国家老龄事业发展和养老服务体系规划》，重庆市在居家养老服务网络、公共环境适老化改造、养老服务点、家庭养老床位、智慧养老平台等专项建设上都提出了明确的目标，将"扩大普惠型养老服务覆盖面"和"建设兼顾老年人需求的智慧社会"的精神具体贯彻到细分目标的执行上。而在"共同构建'一刻钟'居家养老服务圈"这一任务时，重庆市甚至设定了高于国家层面"乡镇（街道）层面区域养老服务中心建有率达到60％"的目标，分别设定了"街道（社区）养老服务覆盖率100％"和"居家养老服务覆盖率≥80％"的目标。敢于制定如此"自信"的目标，也在一定程度上彰显出重庆市近年来在社区居家养老服务建设方面的"底蕴"：

- 2013年，重庆市民政局、发改委、财政局联合印发关于《重庆市社区养老服务设施建设实施方案》的通知（渝民发〔2013〕160号）；

■ 2018 年 7 月,《重庆市人民政府办公厅关于印发重庆市社区养老
服务"千百工程"实施方案的通知》(渝府办发〔2018〕99 号);

■ 2018 年,重庆市民政局印发《重庆市社区养老服务"千百工程"配
套文件的通知》(渝民发〔2018〕13 号);

■ 2019 年 11 月,《重庆市人民政府办公厅关于重庆市社区居家养老
服务全覆盖实施方案的通知》(渝府办发〔2019〕110 号);

■ 2020 年 1 月,重庆市民政局等八部门发布《关于加快推进老年人
居家适老化改造工程实施方案》(渝民发〔2020〕22 号);

■ 2021 年 12 月,重庆市民政局、发改委、财政局联合发布《关于明确
公办养老服务设施公建民营有关事宜的通知》(渝民发〔2021〕208
号)。

在人口老龄化持续加深的背景下,居家养老渐成主流。我国自 2010
年以来,推行"以居家养老为依托,机构养老为支撑"的养老政策,社区居
家养老将成为未来主流的养老方式。而重庆市凭借着近年来一系列社区
养老服务的实施方案和配套工程,步步为营,已跻身全国前列。

(三) 建立健全三级养老服务平台,实现农村老年人基本养老需求"有需必应"

根据国家统计局 2021 年的调查数据,2021 年重庆市常住人口为
3212.43 万人,其中城镇人口占比为 70.32%,农村人口占比为 29.68%。
重庆市的城镇化率高于全国城镇化率(64.72%),但低于另外三大直辖市
(上海 89.3%,北京 87.5%,天津 84.88%)。因而重庆相比其他一线大城
市,在农村养老问题上也相对更加重视,在农村养老工作上也相对更加
细致。

《规划》中的第六章"提升农村养老服务供给质量",针对农村养老服

务,明确将建立健全区县、乡镇、村三级养老服务平台,实现农村老年人基本养老需求"有需必应"。

- 到 2025 年,每个村设置一个兼具日间照料、康复理疗、休闲娱乐、紧急救援等功能的互助养老点,至少配备一名专兼职养老助理,培育一支志愿服务队伍,每个村民小组组建一个互助服务小组,对农村老年人普遍开展定期巡访、结对帮扶、紧急救援等服务。

- 农村失能特困人员集中照护中心要按照失能老年人不低于 3∶1 的比例配备管理服务人员,提高失能护理服务品质,在满足失能特困人员集中照护需求前提下,对社会失能老年人入住予以支持。

- 到 2025 年,全市建成区县级失能特困人员集中照护中心 80 所、建成乡镇养老服务中心 800 个,设置互助养老点 8000 个;提档升级乡镇敬老院 600 所,社会化运营率不低于 60%。

对标国家"十四五"《规划》,重庆市秉承了"构建农村互助式养老服务网络"和"因地制宜实现农村有意愿的特困老年人集中供养"的国家层面决策精神,并且将具体任务细分量化,深入贯彻了国家层面"加快补齐农村养老服务短板"的发展要求。

（四）以康复辅具产业为突破口,丰富养老产业链

《规划》第八章直接以"大力发展银发经济"为主题,提出了"优化养老服务市场环境、推动养老服务融合发展、丰富养老产品供给"的重要举措。除了积极响应国家层面"十四五"《规划》中的"推动老龄事业和产业协同发展"的决策外,也结合了本地初兴的康复辅具产业发展情况,以加大养老产品本地化供给为目的,布局养老产业链。

2020 年 11 月,重庆市民政局为重庆国际生物城授牌"重庆康复辅具

产业园",2021 年 7 月,巴南区成功申报为康复辅助器具产业第二批国家综合创新试点地区,重庆康复辅具产业园建设进入快车道。为了给产业园入驻企业提供应用端的先发机会,创造数字经济的场景价值,巴南区民政局积极推进康复辅具社区租赁基地建设。预计到 2023 年年底,全区 60%的养老服务中心(站)将建有康复辅具社区租赁服务点。

为了促进康复辅具产业园发展,重庆市鼓励企业重点开发适老化家电、家具以及新型照明、洗浴装置、坐便器、厨房用品、辅助起身、智能轮椅、生物力学拐杖、助行机器人以及安防监控等老年用品;鼓励推广使用易于抓握、手感舒适的扶手等支撑装置、地面防滑产品、无障碍产品等;鼓励发展老年益智类玩具、乐器、心理慰藉和情感陪护机器人等休闲陪护产品。

此外,重庆市将以养老服务市场需求为导向,加快培育一批规模化、连锁化、品牌化养老服务企业,推动医养、康养融合发展,完善养老服务产品体系。到 2025 年,力争国家智慧健康养老示范企业突破 10 家。

重庆市未来将不断培育养老消费市场,深入推进养老服务领域供给侧结构性改革,支持养老服务社会化发展,培养老年人正确消费观念,搭建老年人多元化、多层次养老服务消费平台,全面放开养老服务市场,促进老年消费市场的繁荣与发展。虽然无法在"老龄事业"到"养老产业"的转型中一步到位、全面建树,但能以康复辅具产业作为突破口,加大产品本地供给,构建更完善的养老产业链,重庆可谓已经奔跑在了一条正确的"赛道"上。

(五) 推动成渝地区养老服务协同发展,优化区域养老资源配置

《规划》第十三章"推进成渝地区养老服务协同发展",积极响应了 2021 年 1 月国家发改委、民政部、国家卫健委联合发布的《关于建立积极

应对人口老龄化重点联系城市机制的通知》(发改办社会〔2021〕37号)的号召。面对人口老龄化要求更高、任务更重、紧迫性更强的问题,成渝地区作为有特点和代表性的区域,主动肩负起探索多领域多维度的系统创新、以点带面形成示范带动效应的重任。

自2020年下半年以来,成渝两地已先后签订《成渝养老工作协同发展合作协议》《成渝养老工作协同发展合作协议2020年实施计划》《推动成渝地区养老服务业协同发展的建议》等合作文件,初步建立起互惠合作协调机制。两地民政部门通过公布政策投资清单、开展养老产业发展交流活动等方式,积极营造良好营商环境,同时不断加强养老服务人员技能培训,促进两地养老服务可持续发展,合作共创西部地区养老服务创新发展高地。

今后,川渝两地将继续加强统筹规划、统一布局,构建开放互融的市场体系,推进养老服务监管互动,健全共建共享统筹合作机制,促进居家社区机构协调发展,加强养老服务人才队伍建设,全面促进两地养老服务业协同发展,让区域内每一位老年人老有所养、老有所依、生活幸福。

江苏省《关于加强养老服务人才队伍建设的实施意见》政策解读

陶斯劼

（一）构建三层级人才"金字塔"，满足养老服务多层次、专业化人才需求

江苏是全国老龄化程度较高和老年人口较多的省份，老年群体呈现高基数、高增速、高寿龄、多需求的特点。"十四五"时期是江苏积极应对人口老龄化的重要"窗口期"，保障广大老年人享有多层次多样化的养老服务，是民政部门的重要职责所在。事业要发展，人才是关键。据统计，全省失能失智老年人和半失能老年人总数累计 133 万，根据相关服务标准，专业化老年照护人员缺口近 27 万，同时养老服务人才队伍还存在队伍年龄偏大、人员素质不高、技能水平不专业等问题。

为了加强养老服务人才队伍建设，进一步拓展养老服务人才供给，提升养老服务从业人员专业技能和管理服务水平，努力造就一支素质优良、数量充足、结构合理的养老服务人才队伍，不断满足广大老年人多层次、专业化的养老服务需求，2021 年 6 月江苏省民政厅、发改委、教育厅等七部门根据《国家积极应对人口老龄化中长期规划》《国务院办公厅关于推进养老服务发展的意见》（国办发〔2019〕5 号）《省政府关于进一步推进养老服务高质量发展的实施意见》（苏政发〔2019〕85 号）等文件精神，并结合"十四五"时期养老服务发展规划和重点任务，联合发布了《关于加强养

老服务人才队伍建设的实施意见》(苏民养老〔2021〕17号,简称《实施意见》)的专项政策。

《实施意见》聚焦省委省政府积极应对人口老龄化的新要求、新举措,立足于构建"以基层服务人员为基础、以专业技能型人才为中坚、以中高端复合型人才为顶层"的三层级养老产业长坡型人才"金字塔"结构出发,重点突出制度建设、措施保障,旨在切实解决养老服务人才缺口问题。

(二)稳步扩大养老基层服务人员队伍规模,夯实养老人才"金字塔"基座

目前我国的养老基层服务人员主要以护理人员和照护看护人员为主。基层服务人员数量不足、流失率高是目前养老产业人才面临短缺的直接原因之一。其中"流失率高"的主要原因在于养老基层服务人员专业化和职业程度不高,但是工作强度大、职业晋升体系不畅、收入待遇不高,导致人的获得感、认同感的降低。

《实施意见》针对养老基层服务人员的现实困境,积极努力从以下三个方面一一着手,消除"痛点":

■ **强化养老护理员培养培训**。各设区市民政部门要根据本地区养老服务需求制定养老护理员培养培训计划并组织实施。以提升职业能力为重点,强化实际操作技能训练、综合职业素质培养,对在岗养老护理员定期开展技能培训。培训应根据《养老护理员国家职业技能标准》《养老护理员培训大纲》以及岗位实际需求,按规定的培训学时和内容实施。鼓励养老护理员参加继续教育并实行学分制管理,学分成绩可作为养老机构招聘人员的重要考量。

- **推广养老护理员职业技能等级认定。** 鼓励符合条件的养老服务人员参与养老护理员职业技能等级认定，提升养老护理职业技能水平，2022 年年底前原则上所有与养老护理员关联的政策待遇，应当以养老护理员职业技能等级证书作为依据。

- **落实养老护理员政策待遇。** 取得职业技能评价机构颁发的初级、中级、高级、技师和高级技师职业技能等级证书的养老护理员，在养老护理岗位从事工作满 2 年后，分别给予不低于 500、1000、2000、3000、5000 元的一次性岗位补贴。鼓励各地制定养老护理员特殊岗位津贴政策，根据养老护理员的工作年限、职业技能等级等因素，按月发放岗位津贴。进一步完善畅通养老护理员职业晋升通道，鼓励养老机构从一线养老护理员中遴选业务管理人员，逐步建立合理的养老护理员职务晋升机制。

《实施意见》可谓"对症下药"，分别通过提高基层护理员的职业技能水平、职业能力等级与岗位待遇补贴挂钩、完善职业晋升机制这三大"抓手"，为解决养老基层服务人员的后顾之忧，降低人员流失，稳步扩大养老基层服务人员队伍规模，实现"养老护理服务人员总数不少于 10 万名"的目标，进一步夯实养老人才"金字塔"基座奠定了坚实的基础。

（三）创新医养康养人才和社工队伍建设，充实养老人才"金字塔"塔身

我们一般把养老机构中学历在中专以上，具有医疗、康复、护理等专业技能的养老从业人员归为"专业技能型人才"。

《实施意见》在工作任务中明确提出"从事各类养老护理服务的专业人员总数不少于 15 万名，其中通过养老护理员职业技能等级认定的不少于 10 万名"的目标。除了上文提到的众多未来能够实现持证上岗的养老基层

服务人员外,还有部分人员缺口则需要通过至少其他三种渠道进行补充。

- ■ **创新养老机构医护人员支持政策。**鼓励退休医生和护士到养老机构中的内设医疗机构工作,其执业类别、范围保持不变,可由用人单位为其办理工伤保险或人身意外伤害保险业务。加强医疗护理员培训工作,扩大专业护理服务供给,满足失能(失智)、住院、临终关怀等老年群体的护理服务需求。

- ■ **加强养老服务医养康养人才队伍建设。**聚焦提升养老机构服务质量,合理优化养老机构人员岗位结构,鼓励养老机构配备康复治疗、公共营养、能力评估、心理咨询等专业人员。鼓励引导职业院校(含技工院校)开设护理、老年服务与管理、健康管理、医养照护与管理、社会工作等养老服务相关专业,定向委托培养养老服务企业急需的医养康养专业人才。

- ■ **加强养老服务社会工作人才建设。**养老服务机构、居家和社区养老服务组织优先吸纳、使用社会工作专业人才,鼓励现有养老服务从业人员积极参加全国社会工作者职业水平考试、社会工作学历及学位教育。鼓励养老服务机构内部设立社会工作科(室、站),加大社会工作专业岗位开发,养老服务类事业单位可根据工作需要将社会工作专业岗位明确为主体专业技术岗位。引导养老服务机构、居家养老服务组织与社会工作服务机构合作开展服务。

《实施意见》通过鼓励退休医护人员,引导医养、康养、护理等相关医疗专业院校生,吸纳社会工作专业人才这三个渠道广纳"养老专业技能型人才",创新了医养康养人才和社工队伍建设,充实了养老人才"金字塔"塔身。在拓展养老专业人才建设方面,江苏省毫无疑问地走在了全国前列,也为全国其他省份提供了可供参考的经验。

（四）提升养老中高端复合型人才能力，加大力度培养"金字塔"塔尖人才

兼具技术和管理才能的中高端复合型人才是养老行业快速发展、高质量发展所必需的核心人才。《实施意见》提出，通过开展养老服务机构负责人和管理人员培训、推广养老服务职业经理人制度、深化养老服务领域产教融合这三种创新方式，加大养老中高端复合型人才培养力度，提升养老核心人才的专业能力。

■ **养老机构内部的模式创新。**《实施意见》要求"省市县逐级开展养老服务机构负责人和管理人员培训，原则上所有养老服务机构负责人每年需进行相应的专业培训。"通过加强对养老机构负责人、居家社区养老服务组织负责人、养老服务企业负责人的养老服务政策、理论和实操培训，重点培训养老服务行业法律法规、养老服务管理运营、养老服务风险防范、养老服务质量标准等内容，全面提高养老服务管理能力。除此之外，还将采取"请进来"和"走出去"相结合的新方式，定期组织省内养老服务机构负责人参与省外、国（境）外交流活动，学习借鉴养老服务管理先进经验。

■ **养老机构和养老服务企业之间的制度创新。**《实施意见》提出"探索在全省范围建立养老服务职业经理人人才库，在职业经理人与养老服务机构、企业之间搭建合作交流平台，为职业经理人提供专业、规范的职业技能培训和资质认证，打造供需适配的养老服务职业经理人体系。"在养老服务类企业尤其是国有企业中引入职业经理人制度，能够激发企业发展的内生动力。不过由于是一个全新的制度创新，实际推广中还需要研究更多细节问题，诸如制定选聘和管理养老服务职业经理人的具体办法，才能建立出一

套符合实际的从准入、使用到退出的制度体系,逐步实现以聘任制和经营目标责任制为主要内容的市场化选人机制和契约化管理体制。

■ 养老服务企业和相关院校之间"产教融合"的培养机制创新。《实施意见》明确指出"支持各类本科院校主动适应社会对高层次养老服务管理人才的迫切需求,设置老年护理、养老康复与养生、老年医学、养老服务管理等专业,加大高层次人才培养和政策支持力度。创新养老服务与管理人才培养模式,鼓励设区市民政部门发挥行业优势,与本科院校开展合作,共建养老服务学院和涉老专业。将养老服务列为职业教育产教融合、校企合作优先领域。"

众所周知,企业既是人才承载、使用的主体,也是人才价值实现的重要场所。养老服务企业既是整个养老产业链的重要一环,也是养老人才教育与培养的最终服务对象。企业积极加入到"产教融合"中,既能关注到培养质量,又能通过在校学习与企业实践,实现学校与企业资源、信息共享、优势互补的"双赢"。"产教融合"能做到应社会所需、与市场接轨,将实践与理论相结合,为养老专业教育发展带来新的思路。

以上三个不同领域、不同层面的三种创新方式虽然出发点各有不同,但落脚点都是为了提升养老中高端复合型人才能力,加大"金字塔"塔尖人才的培养力度,强化人才储备,以努力推动养老服务人员规模与养老服务发展水平相适应。

(五)加强经费投入,为养老人才"金字塔""添砖加瓦"

近年来,江苏省大力推进实施养老护理人才"强基工程",着力培养打造一支数量充足、结构合理、素质优良的养老护理员队伍。"加强经费投入"作为其中一个重要的基础手段,起到了举足轻重的作用。这同样在

《实施意见》中有着双重体现。

第一重体现在"健全人才激励褒扬机制"上。

- 完善养老服务学历教育补贴政策,对在省内连续从事养老护理岗位工作满 5 年的高等院校、中等职业学校毕业生,由县级以上地方财政给予最高 6 万元的一次性入职奖励。

- 对取得职业技能等级证书的养老护理员,在养老护理岗位从事工作满 2 年后,给予 500－5000 元的一次性岗位补贴。

- 定期调查发布养老护理员市场工资水平,引导养老服务企业和机构综合考虑养老服务从业人员的工作年限、技能水平等因素,合理制定养老护理员薪酬等级体系,激励养老服务从业人员主动参与培训,学习技能技术。

第二重体现在"加大对养老服务人才队伍建设的投入力度"上。

- 各地将养老服务人才培养培训、入职补贴、岗位津贴等方面的经费投入纳入财政预算。

- 鼓励各地公办社会福利院、特困人员供养服务机构依据入住的政府兜底和经济困难对象数量,采取设置公益性岗位等方式,提供必要的工作人员支持。

- 切实加强经费监管,确保专款专用,提高经费使用效益。

2022 年初,江苏省民政厅先后发布了《关于做好 2022 年度养老服务领域省政府民生实事的通知》(简称《通知》)和《江苏省养老护理员培训大纲(试行)》(简称《培训大纲》)。从这两个后续相关专项政策提及的内容来看,以上两个层面的投入均收获了不小的成果。

《通知》分解了培训任务,细化了工作要求,明确培训经费从养老服务体系建设资金中列支保障。《培训大纲》则细化培训目标、培训对象、培训要求、课程内容和参考学时,为各地提供规范参考。此外,还遴选出 24 家省级养老服务人才培养实训基地,并给予 1413.6 万元省级专项资金支持,形成示范激励效应。

与此同时,截至 2022 年上半年,在江苏省养老护理员职业技能等级认定中,新取证 39 630 人,其中二级 92 人、三级 1010 人、四级 10 006 人、五级 28 522 人。"人才激励褒扬机制"也起到了预期中的正向激励作用,提升了养老服务人员的职业荣誉感和社会认同感。

持续充足的财政资金支持,犹如为整个养老人才"金字塔",尤其是塔基部分不停地"添砖加瓦",为不断推动江苏省养老服务的高质量发展提供着坚实可靠的人才支撑。

浙江省民办养老服务业发展政策解读

燕则铭

浙江省早在 1987 年就迈入了人口老龄化阶段,提前全国 13 年,是国内人口老龄化最早的省份之一。与此同时,浙江作为民营经济大省,早在 20 世纪 90 年代就鼓励社会力量和民间资本进入养老服务领域,民办养老产业起步早,发展成效明显。按照不同时期的政策重点及其效果,可将浙江民办养老产业发展分为四个阶段:萌芽期(1986—2000 年)、社会化期(2001—2010 年)、快速发展期(2011—2020 年)和深化期(2021—2025 年)。

(一) 萌芽期:打破政府"包办"模式,探索实践社会福利社会化

随着经济体制和社会治理改革的不断深入,民政部于 1986 年首次提出"社会福利社会办"的概念,试图打破长久以来社会福利事业一直由国家"包办"的状态,成为我国鼓励民办养老的政策起点。随后,1994 年 5 月第十次全国民政工作会议指出要"深化福利事业改革,加快社会福利社会化的进程",并提出接下来五年要大力发展社区服务业,广泛动员和依靠社会力量兴办社会福利事业,建立和发展城市社会福利体系。浙江省结合自身在经济体制改革中建立的社会经济基础,出台了一系列政策和措施来探索社会福利社会化的道路。

■ 1994 年 11 月,《浙江省人民政府关于进一步加强民政工作的通

知》(浙政发〔1994〕172号)提出加快社会福利社会化进程,社会福利及优抚事业机构兴办"三产"经济实体的,在税收管理权限内给予减免税照顾。

■ 1996年,浙江省人民政府发布了《浙江省老龄事业"九五"发展规划》提出允许企事业单位、个人等兴办老年福利设施,并积极吸引外资兴办老年福利事业。

■ 1998年3月,浙江温州入选全国社会福利社会化试点城市名单,开展福利事业社会化课题研究。

■ 1998年4月,浙江省人民政府发布了《关于加快发展社会福利事业的通知》(浙政发〔1998〕65号),提出把福利设施大胆推向社会、推向市场,鼓励和发动社会团体、企业、个人和海外组织采取独资、合资、合作、民办公助等形式创办各类社会福利机构,逐步实现社会福利事业社会化。

1986—2000年,浙江省在探索社会福利事业社会化方面取得了一定成绩和经验,允许各种社会力量逐步进入社会福利事业,改善了传统社会福利事业资金渠道单一、供给严重不足、服务对象狭窄等问题。浙江的探索得到了国家层面的认可,2000年2月,国务院办公厅发布《关于加快实现社会福利社会化的意见》(国办发〔2000〕19号),"社会福利社会化"这一概念第一次出现在全国性政策当中。

(二) 社会化期:养老社会化政策力度不断加大,民办养老机构大量涌现

随着人口老龄化不断加速,老年人养老需求得到国家和社会的普遍重视,但是老年设施严重不足,养老产品与服务严重短缺,福利事业的发展机制不适应老龄化社会需要等制约着老龄事业的发展。2001年,国务

院发布了《中国老龄事业发展"十五"计划纲要（2001—2005年）》（国发〔2001〕26号），提出要着眼于体制创新，发挥政府的主导作用，运用市场机制，动员社会各方面力量，推动老年服务业走社会化、产业化道路。2006年，全国老龄委发布了《中国老龄事业发展"十一五"规划》（全国老龄委发〔2006〕7号），提出要大力扶持老龄产业，积极鼓励、引导个体私营和外资等非公有资本参与老龄产业的发展。在这样的背景下，浙江省持续出台了一系列规划和专项政策，以充分发挥社会力量在解决养老供给方面的作用。

■ 2001年6月，浙江省人民政府办公厅发布了《浙江省老龄事业发展"十五"规划》（浙政办发〔2001〕37号），提出要根据浙江省市场经济比较发达的实际，强化政府主导职能，广泛动员社会力量，运用市场机制，鼓励推动老年服务业走社会化、产业化道路，采取民办公助的办法，将一部分老龄事业发展资金用于鼓励各种社会力量兴办老年福利设施。

■ 2002年9月，浙江省人民政府发布了《浙江省人民政府关于进一步加强民政工作的意见》（浙政发〔2002〕20号），提出落实国家和浙江省鼓励发展社会福利事业的政策，推进社会福利社会化，努力满足人民群众对福利事业的需求。对政府部门和企事业单位、社会团体以及个人等社会力量投资兴办的福利性和非营利性老年服务机构暂免征收企业所得税。

■ 2005年9月，浙江省民政厅发布《浙江省民政厅关于开展养老服务社会化示范活动的通知》（浙民福〔2005〕62号），提出建立以国家、集体投入为主导，以社会力量投入为新的增长点，以居家养老为基础，以社区老年福利服务为依托，以老年福利服务机构为骨干的老年福利服务体系，并要求全省开展养老服务社会化示范活动。

■ 2006年5月，浙江省人民政府办公厅发布了《关于促进养老服务业发展的通知》(浙政办发〔2006〕84号),提出认真落实国家对福利性、非营利性老年服务机构的税费扶持政策,除政府投资的养老机构外,其他养老机构的服务收费由养老服务机构根据设施条件、服务项目和标准,自行确定收费标准。

■ 2006年7月,浙江省民政厅发布了《关于进一步深化养老服务社会化的通知》(浙民福〔2006〕157号),提出要大力推进养老服务社会化,要有效动员社会资源,参与社会化养老服务体系建设,加强整合,扩大社会参与,形成政府主导下的多元化、市场化运行机制。

■ 2006年10月,浙江省发改委发布了《浙江省老龄事业发展"十一五"规划》(浙发改规划〔2006〕908号),支持和引导社会力量参与养老服务业发展,通过创新体制和优化资源配置,大力发展民办养老机构,推动养老服务业发展,并提出到"十一五"期末,力争民间资金在养老服务业的投资额有较大幅度增长,民间资金以各种形式建成的养老机构床位数达到5万张的发展目标。

■ 2007年5月,浙江省人民政府发布了《关于进一步加强民政工作加快发展民政事业的意见》(浙政发〔2007〕26号),提出要不断深化养老服务社会化,探索建立政府主导、民政部门牵头、全社会共同参与的福利事业发展机制和相配套的工作机制。

■ 2008年11月,浙江省人民政府发布了《浙江省人民政府关于加快推进养老服务体系建设的意见》(浙政发〔2008〕72号),提出要加大扶持力度,通过建设资金补贴、公建民营、税费优惠、政府购买服务等优惠扶持举措,促进非营利性民办养老服务机构的发展,并提出到2012年全省非营利性民办养老服务机构床位数占总床位数的比重力争达到50%的目标。

■ 2009年3月,浙江省财政厅、浙江省民政厅发布了《民办养老服务机构省级专项补助资金使用管理办法》(浙财社字〔2009〕50号),

规定非营利性民办养老机构新增床位和租用床位的补助标准,同时强调对补助资金的监管。

这一时期,在政府的大力扶持、社会力量的积极参与和市场的有效推动下,浙江省养老服务社会化、市场化步伐日益加快,民办养老产业的发展成效十分明显。政府出台了一系列政策来促进民办养老机构的发展,同时十分注重机构运营的规范化建设,还打破了社会力量只能投资建设非营利性养老机构的状态。但由于这个时期出台的政策主要面向公办和民办非营利性机构,而较少惠及民办营利性的养老服务机构,导致大多数民办养老机构为非营利性所限制,经常出现经营困难甚至破产等生存和发展问题。

(三) 快速发展期:民办养老政策持续出台,民办养老服务快速发展

从"十二五"到"十三五"的十年间,国家对于民办养老产业发展支持力度空前加大,鼓励广大社会力量与民间资本参与发展养老产业。2011年9月,国务院发布了《中国老龄事业发展"十二五"规划》(国发〔2011〕28号),明确提出要积极推进养老机构运营机制改革与完善,探索多元化、社会化的投资建设和管理模式,进一步完善和落实优惠政策,鼓励社会力量参与公办养老机构建设和运营管理。2017年2月,国务院发布了《"十三五"国家老龄事业发展和养老体系建设规划》(国发〔2017〕13号),提出要加快公办养老机构改革,加快推进公办养老机构转制为企业或开展公建民营,鼓励社会力量通过独资、合资、合作、联营、参股、租赁等方式参与公办养老机构改革;支持社会力量兴办养老机构,对民间资本和社会力量进一步放宽准入条件,鼓励采取特许经营、政府购买服务、政府和社会资本合作等方式支持社会力量举办养老机构。浙江省积极响应国家的号召,

出台了一系列规划和专项政策,促进民办养老服务提质增效。

- 2011年8月,浙江省人民政府发布了《浙江省老龄事业发展"十二五"规划》(浙政发〔2011〕59号),指出要大力扶持民办养老机构发展,并提出到2015年,养老服务机构基本实现乡镇(街道)全覆盖,民办养老机构床位数占总床位数50%以上的目标。

- 2011年12月,浙江省人民政府发布了《关于深化完善社会养老服务体系建设的意见》(浙政发〔2011〕101号),提出民办养老机构可以实行集团化管理、办理法人登记,以便于民办养老机构开展投融资活动。

- 2013年6月,温州市委、市政府发布了《关于鼓励社会力量兴办养老机构的若干意见》(温委发〔2013〕55号),提出按照"非禁即入"的原则,引导各种所有制投资主体进入养老服务领域,推动形成一批具有知名品牌和较强竞争力的养老机构。这意味着温州市将在全国先行先试一系列民办养老机构的改革举措。

- 2014年4月,浙江省人民政府发布了《浙江省人民政府关于发展民办养老服务产业的若干意见》(浙政发〔2014〕16号),要求发挥社会力量的主体作用、切实保障民办养老机构用地、加大资金扶持力度、积极支持融资信贷需求、落实税费优惠政策、加强人才队伍建设和保障等宏观指导性政策。随后,2015年2月,民政部联合发展改革委等十部门出台了《关于鼓励民间资本参与养老服务业发展的实施意见》(民发〔2015〕33号)。

- 2016年2月,浙江省社会福利协会发布了《养老机构公建民营委托经营合同(参考文本)》(浙社福协〔2016〕1号),旨在防范养老机构公建民营法律风险,维护合同各方合法权益。

- 2016年2月,浙江省民政厅发布了《关于推进养老机构公建民营规范化的指导意见》(浙民福〔2016〕26号),提出鼓励引导社会力量参与发展养老服务事业、激发公办养老机构活力、规范养老机构公建民营工作等指导性意见。

■ 2017 年 6 月,浙江省人民政府发布了《浙江省老龄事业发展"十三五"规划》(浙政发〔2017〕21 号),要求通过公建民营、购买服务等措施,持续推进民办养老机构发展,并提出到 2020 年,每千名老年人拥有机构养老床位达到 40 张,其中民办(民营)机构养老机构床位占比力争达到 70%的目标。

■ 2018 年 8 月,浙江省人民政府办公厅发布了《关于深化养老服务综合改革提升养老服务质量的实施意见》(浙政办发〔2018〕77 号),提出到 2022 年,公办养老机构的公建民营比例不低于 80%,列入省政府办实事的乡镇居家养老服务中心必须 100%交由社会力量运营的发展目标。

这一时期,浙江省民办养老产业发展取得了显著成效,具体表现为:养老服务供给快速增长、社会参与方式更加多样化、养老服务水平逐步提高、产业要素供给得到充分重视。浙江省的养老服务政策体系已初步构建,养老服务发展理念也明显转变。根据浙江省政府公开数据,截至 2014 年末,浙江省共有民办养老机构 1065 家,床位数 14.9 万张,床位数占比达 52.4%;而到 2020 年末,民办养老机构增长到 1580 家,床位数 30.95 万张,床位数年均增长率达到 18%,民办养老床位数占总床位数的 75%。经此十年,民办民营机构成为了浙江省养老服务的供给主体,养老服务市场活力得到充分激发。

(四) 深化期:深化养老服务社会化发展,推动养老全产业链延伸

"十四五"是我国应对人口老龄化成为国家战略后的第一个五年,《"十四五"国家老龄事业发展和养老服务体系规划》(国发〔2021〕35 号)是这一时期养老产业发展的最高指引,政策侧重点包括:

- 支持社会力量建设专业化、规模化、医养结合能力突出的养老机构；
- 引导各类主体提供普惠养老服务，支持普惠养老服务发展；
- 支持通过公建民营、委托经营等方式，丰富老年人文体休闲生活；
- 鼓励社会力量开办社区护理站，推动医疗服务向居家社区延伸；
- 支持社会力量建设旅居养老旅游服务设施，促进养老和旅游融合发展。

而在新的时期，浙江省养老服务也面临着新的问题：老年人口将急剧增加，预计到2025年，60周岁及以上户籍老年人口总数将达到1500万，占比28%左右；养老产品不够丰富，养老服务供给不够多元，老年人选择余地不大；照护需求凸显，高龄及失能失智老年人比例增长，养老服务将更普遍地依赖社会化供给。针对这些问题，浙江省结合国家政策和自身情况制订的"十四五"规划成为这一时期民办养老服务发展的新指南。

2021年4月，浙江省民政厅发布了《浙江省养老服务发展"十四五"规划》（浙民养〔2021〕65号），对养老产业发展提出了以下要求：

- 打造高度开放、公平竞争、稳定透明的营商环境，做到省内省外、国有私有、公办民办的一视同仁；
- 支持养老服务机构规模化、连锁化、品牌化发展，规范公建民营养老机构监管；
- 推进公办养老机构改革，推动国企改制和公建民营，保留市县一定比例的公办养老机构。

2021年5月，浙江省发改委发布了《浙江省老龄事业发展"十四五"规划》（浙发改规划〔2021〕198号），对养老产业发展也提出了以下要求：

- 积极探索多元化公办养老机构改革路径，健全公建民营监管制度；
- 支持社会力量积极参与长期照护服务，大力发展连锁化、专业化长期照护服务机构；

■ 支持社会力量通过市场化运作方式举办医养结合机构;

■ 鼓励社会力量探索开展高端化、精品化老年教育,满足高品质服务需求。

在这一新的时期,引导社会力量参与养老产业上下游建设,推动养老全产业链发展成为了浙江省民办养老的工作重点。值得注意的是,由于浙江省社会化组织和企业已经成为了养老服务供给的主体,从增量到提质的发展转变已经完成,在"十四五"规划文件中,已经不再将民办机构占比作为一项发展指标。

一直以来,浙江充分发挥民营经济大省的优势,鼓励社会力量进入养老服务领域,基本形成了政府主导、社会参与、市场运作的机制和多层次、多样化的服务格局,这使得浙江省的民办养老服务业发展走在了全国前列,为全国养老服务业发展提供了宝贵的经验。

安徽省公建民营养老模式政策解读

燕则铭　张国安

公办养老机构作为养老服务体系的重要组成部分,在开展养老服务示范、履行弱势困难老年群体的兜底保障功能等方面发挥了巨大的作用,是老年社会福利体系中的一个重要内容;但是,随着人口老龄化程度的不断加深,传统公办养老机构在发展过程中出现了管理体制僵化、定位不清晰、供需不匹配、资源利用率低、发展活力不足等问题,为此国家层面于2006年、2013年分别了出台了推动公办养老机构改革、开展养老服务业综改试点的相关政策,公建民营登上了养老产业发展的历史舞台。

安徽省作为我国人口大省,自1998年进入老龄化社会,2020年进入中度老龄化社会,人民群众日益增长的养老需求日益迫切。在此背景下,安徽省紧跟国家政策形势,立足省情与民意,在不同阶段出台了推进公办养老机构改革、突破体制机制障碍的一系列政策,使公建民营模式发展走在了全国前列。

(一) 制定顶层宏观政策,推动公办养老机构改革(2006—2012)

2006年2月,国务院出台了《关于加快发展养老服务业的意见》(国办发〔2006〕6号),意见提出要积极推动公办养老机构改革,第一次提出要以公建民营、民办公助等多种方式加快发展养老服务业。在国家政策的指引下,安徽省陆续出台了一系列宏观政策,探索公建民营模式下的养老服务发展道路。

- 2006 年 9 月,安徽省人民政府办公厅发布《关于加快发展养老服务业的通知》(皖政办[2006]68 号),提出积极支持以公建民营、民办公助、政府补贴、购买服务等多种方式,发展老年人生活照顾、家政服务、心理咨询、康复服务、紧急救援以及临终关怀等养老服务业。

- 2011 年 2 月,安徽省人民政府发布《关于加快推进养老服务体系建设的决定》(皖政〔2011〕20 号),提出改革现有管理体制和运营方式,积极引导社会力量参与,委托各类专业化、非营利性社会组织负责运营管理。

- 2012 年 3 月,安徽省人民政府发布《安徽省老龄事业发展"十二五"规划》(皖政〔2012〕48 号),提出要积极推进公办养老服务机构体制改革,探索多元化、社会化的投资建设和管理模式,鼓励社会力量参与兴办养老服务机构。

这一时期,安徽省的养老政策集中于通过推动公办养老机构改革来促进养老服务业发展,侧重于探索公办养老机构社会化管理的新思路,主要目的在于导入社会化养老经营理念,提高公办养老机构运营效率。虽然没有具体实施政策出台,但公建民营模式的大方向基本确立,为此后的进一步发展打下了基础。

(二) 开展养老综改试点,突破公建民营政策障碍(2013—2017)

2013 年 12 月,民政部、发改委联合发布《关于开展养老服务业综合改革试点工作的通知》(民办发〔2013〕23 号),提出支持社会力量运营公有产权养老服务设施,制定建设补贴、运营补贴等引导扶持政策,重点开展公办养老机构改革试点。该项政策的出台标志着公办养老机构改革进入新的阶段,公建民营模式成为养老服务业发展的重要突破方向。安徽省紧跟国家步伐,围绕公建民营实施这一主题,出台了一些突破现有体制、更接地气的政策措施,为公建民营模式发展扫清了体制机制障碍。

■ 2014年10月,安徽省人民政府发布《关于加快发展养老服务业的实施意见》(皖政〔2014〕60号),提出抓紧制定社会力量运营公办养老机构管理办法,积极推进公建民营、委托管理;在确保国有资产不流失的前提下,允许公办养老机构以设施设备等作价入股,与社会力量共同建设和运营养老机构;鼓励民间资本参与公办养老机构改组改制,发展民间资本参股或控股的混合所有制养老机构;探索以县区为单位的公办养老机构资产统一管理和运营模式;有条件的地方应积极稳妥地把专门面向社会提供经营性服务的公办养老机构转制成为企业;租用公办养老机构房产举办非营利性养老机构的,3年内免交房屋租金。

■ 2017年7月,安徽省政府办公厅发布《"十三五"安徽省老龄事业发展和养老体系建设规划》(皖政办〔2017〕61号),提出推进具备向社会提供养老服务条件的公办养老机构转制为企业或开展公建民营;制定社会力量运营公办养老机构管理办法,积极推进公建民营;允许公办养老机构以设施设备等作价入股,与社会力量共同建设和运营养老机构;探索以县区为单位的公办养老机构资产统一管理和运营模式;到2017年年底,县级以上公办养老机构全部实现"管办分离"。

与此同时,安徽省还从资金来源、资本架构、运营模式等方面出台了一些更具体的配套政策,为公建民营模式发展引入"源头活水"。

■ 2015年12月,安徽省人民政府发布《关于创新重点领域投融资机制鼓励社会投资的实施意见》(皖政〔2015〕123号),提出改革公办养老机构管理和运营体制,积极推进公建民营、民办公助,抓紧制定社会力量运营公办养老机构管理办法;鼓励民间资本参与公办养老机构改组改制,引导社会资金共同设立省养老服务产业发展基金,积极推动养老企业融资;发展民间资本参股或控股的混合所有制养老机构。

■ 2017 年 9 月,安徽省人民政府办公厅发布《关于加快发展商业养老保险的实施意见》(皖政办〔2017〕74 号),提出支持商业养老保险资金参与公办养老机构改组改制,鼓励商业养老保险资金参股或控股公办养老机构;积极运用政府和社会资本合作(PPP)的建设和运营模式,通过特许经营、购买服务、股权合作等方式,支持商业养老保险机构与公办养老机构共同建设和运营养老机构。

■ 2017 年 9 月,安徽省人民政府办公厅发布《关于印发安徽省支持政府和社会资本合作(PPP)若干政策的通知》(皖政办〔2017〕71 号),支持社会资本以 PPP 模式参与养老服务机构建设运营,推动公办养老机构改革试点,鼓励采取公建民营等方式,将产权归政府所有的养老服务设施委托企业或社会组织运营。

在这一时期,安徽省将公建民营宏观层面的政策指引、思路更详细地落实到了政策实施层面,不仅体现在综合改革试点更加具体,还体现在专项政策更加精准、细化,着力破除社会力量进入公办养老服务领域的体制机制约束和政策障碍。

(三) 政策出台上下贯通,确保公建民营规范化发展(2018—2022)

随着安徽省公建民营机构快速发展,改革进入了深水区,在实际操作层面出现了机构进出机制不明确、监管执行不严格、双方职责不清晰、养老服务不标准等问题,打击了社会力量参与管理的积极性,无法保障老年人权益。为了解决上述问题,安徽省各级政府纷纷出台了专项规划或管理办法,以确保公建民营模式能够规范化发展。

■ 2018 年 1 月,安徽省人民政府办公厅发布《关于全面放开养老服务市场提升养老服务质量的实施意见》(皖政办〔2018〕1 号),提出加快推进具备向社会提供养老服务条件的公办养老机构转制成为企业或开展公建民营,到 2020 年政府运营的养老床位数占当地养老床位总数的比例应不超过 30％;盘活公办养老机构、医疗机构闲置床位,扩大社会养老服务资源;鼓励社会力量通过独资、合资、合作、联营、参股、租赁等方式,参与公办养老机构改革;完善公建民营养老机构管理办法,政府投资建设和购置的养老设施、新建居民区按规定配建并移交给民政部门的养老设施、国有单位培训疗养机构等改建的养老设施,可依法依规实施公建民营;改革公办养老机构运营方式,鼓励实行服务外包;以公建民营方式运营的养老机构,采用招投标、委托运营等竞争性方式确定运营方,具体服务收费标准由运营方依据委托协议等合理确定。

■ 2019 年 3 月,安庆市民政局出台《安庆市公办养老机构公建民营实施办法》,从组织实施、合同管理、运营管理、退出和监管方面制订了 28 条实施办法,提出在保障特殊困难老年人养老服务需求,确保国有资产不流失,促进养老服务水平不断提升的原则下,积极稳妥逐步推进公建民营,并对非营利性性质的公建民营机构,3 年内免租金。

■ 2020 年 7 月,阜阳市民政局出台了《阜阳市公办养老机构公建民营实施办法》,从组织实施、品牌运营、机构责权、监督管理和政策保障等方面制订了 35 条实施办法,提出了到 2022 年政府运营的养老床位数占当地养老床位总数的比例应不超过 30％的总体发展目标。

■ 2022 年 2 月,宣城市民政局出台了《宣城市养老设施公建民营指导意见(试行)》,从包括公建民营的范围、设施定性、原则、实施条件、运营管理、评估与终止、政策保障等方面做出详细规定,提出公建民营养老机构按规定享受政府制定的有关民办养老机构税费减免、运营补贴、政府购买服务、投融资、人才队伍保障等政策。

在这一时期,安徽省打通了公建民营政策落实的"最后一公里",最终构建了左右衔接、上下贯通的政策网络,进一步优化、再造了政策支持全链条,确保公建民营模式下养老服务都能有法可依、规范操作,有效保障了养老服务对象、所有方和运营方的权益。

经过三个时期的政策推进、多措并举,安徽省公建民营养老模式稳步发展,公建民营床位数大幅度提升,连锁化、品牌化、跨区域运营的公建民营养老机构发展势头良好。2019 年年底,全省社会化运营的床位为 14 万张,占比约 38%。2020 年年底,全省共建成 883 家公建民营养老机构,社会化运营的床位数已达到 23.3 万张,比上年增长近 40%。到 2021 年 10 月,根据"上海养老网"收录的"安徽省公建民营养老机构清单汇总"(不完全统计),接受政府民政部门监督与检查、空置床位可向社会开放的公建民营养老机构(第三方机构)达到 300 余家,并涌现出普亲、九如城、万众和、银杏树、乐年健康、悦享年华、九久夕阳红、光大金夕延年等一大批连锁化、跨区域运营的品牌养老机构。

可以看出,公建民营养老模式有效推动了养老服务供给侧结构性改革,激发了非公有主体的参与积极性,明显改善了公办养老机构经营管理水平,为安徽省养老服务注入了新动力。

四川省智慧健康养老产业相关政策解读

张国安

2017年2月，工信部、民政部、国家卫生和计划生育委员会三部门联合发布《智慧健康养老产业发展行动计划（2017—2020年）》（工信部联电子〔2021〕154号），这是我国科技养老领域的顶层规划。政策提出，到2020年基本形成覆盖全生命周期的智慧健康养老产业体系，并按照关键技术产品研发、系统平台建设、服务推广、标准体系规范、网络安全保障等五大重点任务，详细阐释了智慧健康产业发展规划。

2019年3月，四川省经济和信息化厅、民政厅、卫生健康委员会三部门为了深入贯彻上述文件精神，加快四川省智慧健康养老产业发展，培育新产业、新业态、新模式，促进信息消费增长，推动信息技术产业转型升级，特编制了《四川省智慧健康养老产业发展行动方案（2019—2022年）》（川经信信息化〔2019〕51号，简称《行动方案》）。该《行动方案》是四川省深入贯彻国家层面政策精神具有具代表性、指向性的政策文件，也是四川省不断探索现代科技与医疗健康、养老服务相结合并向融合发展的新目标持续迈进的行动纲领。

（一）践行健康中国战略，"大健康产业"医养结合、融合发展走在全国前列

作为全国较早进入老龄化的省份之一，四川省早在1997年就已步入

老龄化社会。人口的持续老龄化使慢性病的发病率和患病率上升，老年人的医疗服务需求不断增加，医疗服务保障能力相对降低，养老与健康服务体制机制亟待完善。如何将医与养之间有效结合，早已成为一个重要的研究课题。四川省相关部门为此进行了不断地探索：

- 2015 年 11 月，四川省卫生健康委员会、民政厅、中医药管理局联合发布《四川省养老与健康服务业发展规划（2015—2020 年）》（川办发〔2015〕96 号），着力提升医疗卫生服务、大力推进中医药和民族医药发展、加强健康管理与促进。

- 2016 年 8 月，《四川省人民政府办公厅转发省卫生计生委等部门关于加快推进医疗卫生与养老服务相结合实施意见的通知》（川办发〔2016〕57 号），明确了"医办养老、养老办医、医养协作、产业融合、中医特色、社会参与"等六大发展方向。

- 2017 年 12 月，成都市卫生健康委员会出台《关于进一步推进医养结合工作的实施意见》（成卫计发〔2017〕5 号），进一步优化许可流程，鼓励养老机构设置适应老年人群医疗护理服务需求的医疗机构；推动养老机构医疗服务能力建设，支持养老机构依法依规提供医疗、照护、康复等服务项目，提高服务内涵，满足老年人群多层次医疗卫生服务需求。

- 2018 年 9 月，四川省人民政府办公厅发布《四川省医疗卫生与养老服务相结合发展规划（2018—2025 年）》（川办发〔2018〕78 号），这是全国首个综合性医养结合发展中长期规划，进一步从医养结合的发展目标、空间布局、重点任务、产业发展、保障措施等方面进行了前瞻性谋划。

以上探索为四川省出台具有地方特色的《行动方案》奠定了坚实的基础，更重要的是，一步一个脚印地出台支持性政策逐步确立了"医疗健康"在养老产业中的核心地位，由此四川省医养结合、融合发展的"大健康"产业走在了全国的前列。

2019 年 3 月出台的《行动方案》不同于以往的"大健康"专项政策,该方案确立了"推广发展智慧健康养老服务"的发展目标,提出要创新性地融合科技、互联网、大数据等现代化技术构建"智慧健康养老"服务体系;重点发展慢性病管理、居家社区健康养老、互联网健康咨询、生活照护、养老机构信息化等服务;着力推动在线常见病和慢性病复诊、远程会诊、远程影像诊断等服务;支持医疗卫生机构与养老机构建立合作机制,加快构建完善的医养结合服务体系。

在此政策的引导和支撑下,四川省在医疗资源和养老资源的整合与扩充方面取得了显著的效果。截至 2020 年年底,全省医疗卫生机构总数 83 757 个,医疗卫生人员总数达 79.36 万人,全省养老服务机构 3512 个,每千名老人床位数达 31 张;农村区域性养老服务中心 405 个,城乡居家养老服务覆盖率分别达 90% 和 50%;全省医养结合机构 251 家,开展医养签约服务 2670 对,医养结合机构床位 6.7 万张。

(二)擘画"四川版"行动纲领,致力打造国内领先的智慧健康养老产业高地

从 2011 年 9 月《国务院关于印发中国老龄事业发展"十二五"规划的通知》(国发〔2011〕28 号)首次提出"推进信息化建设"到 2021 年这十年间,国家在科技养老领域发布了 30 多个相关政策,发布时间主要集中在 2017 年以后。四川省紧跟国家步调,深入贯彻科技养老决策,于 2019 年 3 月出台了智慧健康养老产业的"四川版"《行动方案》,该方案从总体要求、重点任务、保障措施三个层面擘画了四川省布局智慧健康养老产业的行动纲领,从其发展目标、发展布局、保障措施等三个方面可以窥见四川省的发展雄心。

■ **发展目标**

到 2022 年,全省基本形成覆盖全生命周期的智慧健康养老产业体系,建立 8—10 个智慧健康养老示范基地,引进和培育 10—15 家具有示范引领作用的行业领军企业,形成一批智慧健康养老服务知名品牌,全省智慧健康养老产品及服务供给能力大幅提升,线上线下协同互动的健康养老新业态快速发展壮大,智慧健康养老产业实现跨越式发展,建成国内领先的智慧健康养老产业高地。

■ **发展布局**

围绕"一区两片三带"产业发展格局,推进智慧健康养老与农业、休闲旅游、体育健身等行业融合发展,加快形成以成都为中心,德阳、绵阳、遂宁、乐山、眉山、雅安、资阳等为创新发展核心区的智慧健康养老产业主体区域。

(1)依托泸州、南充优质医疗资源,打造由泸州、内江、自贡、宜宾组成的川南融合发展示范片和由南充、广元、广安、达州、巴中组成的川东北融合发展示范片。

(2)完善成都、攀枝花等智慧健康养老示范基地建设,支持攀西地区创建阳光康养产业试验区,加强智慧健康养老应用推广,促进健康养老产业提质升级,打造国际阳光康养旅游目的地。

(3)支持有条件的村镇打造"医养示范小镇",因地制宜打造医养特色产业、特色小镇,助推乡村振兴。

■ **发展保障**

(1)加大财税金融支持。整合用好相关专项资金与产业发展投资引导基金,加大对智慧健康养老产业发展的资金支持力度。积极探索市场化运营机制,支持各地区采用政府和社会资本合作、政府购买服务等方式,支持智慧健康养老服务发展与推广。鼓励省级产业发展投资引导基金投资智慧健康养老产业,引导更多资本参与智慧健康养老产业发展。

(2)优化发展环境。实行"负面清单"管理,建立智慧健康养老产业准入制度,放宽市场准入条件。培育发展全省性智慧健康养老行业组织,完善行业支撑服务体系。

(3)开展试点示范建设。组织开展智慧健康养老试点示范,力争至2022年,建立8—10个具有区域特色、产业联动的国家级智慧健康养老示范基地,培育和引进10—15家行业领先的智慧健康养老示范企业。支持举办中国(四川)老龄事业暨养老服务业国际博览会、中国康养产业发展论坛等智慧健康养老活动,积极鼓励和引导医院、养老机构、社区服务中心和相关企业机构参与支持建设,探索可推广、可复制的智慧健康养老服务模式,强化智慧健康养老宣传推广。

《行动方案》中提及的"中国(四川)老龄事业暨养老服务业国际博览会",至今已举办了九届,在此次产业升级中成为了典型代表,取得了不小成果。2021年9月举办的第九届大会以"医旅融合·全球共享"为主题,规模20000平方米,参展参会机构和企业共400余家,分别来自日本、泰国、德国、以色列等国家和四川、重庆、北京、广东、江苏等国内10余个省市,其中不乏爱志旺、日医养老、保赫曼、希诺嘉等全球领先的医疗和健康品牌。三天展会共吸引了3.9万人次观展者,其中专业观众达到7000人次,会期达成重点合作签约项目24个,签约总金额高达10.23亿元。

可以预见,未来四川省将会做足"智慧健康养老+"这篇大文章,融合科技、医疗、中药、养生、文旅、休闲、健身等各种行业元素的"大养老生态"必将在巴蜀大地上枝繁叶茂,届时广大老年群体的获得感、幸福感会显著提升,由此,"养老"变身为"享老"的全新观念或将成为社会主流。

(三)厚植智慧养老土壤,聚焦重点任务,发挥科技对健康养老的强效支撑作用

融入现代化信息技术手段就像在"医"和"养"之间架起了一座现代化钢铁大桥。在新时代创新发展的理念引领下,四川省以不断满足人民群

众日益增长的养老与健康服务需求作为确立智慧健康养老产业发展目标、任务和措施的基本出发点和落脚点,把"信息技术+医养结合"作为供给侧结构性改革的主攻突破方向,让信息技术在智慧健康养老产业提质增效中发挥了基础性、支撑性作用。

《行动方案》提出,用科技赋能"智慧养老",不断丰富消费供给,创新服务模式。以下四大重点任务都需要科技去发挥强效的支撑作用:

■ **推动关键技术研发与产品供给。**突出智能可穿戴设备、便携式健康监测设备、智能养老监护设备等产品发展,支持人工智能、大数据、云计算、虚拟现实等信息技术在健康养老产业中的集成应用,加快打造一批高智能、高科技、高品质的智慧健康养老产品及服务。

■ **提升智慧健康养老创新服务能力。**鼓励社会力量开展共性关键技术和跨行业融合性技术研发,突破产业发展共性技术瓶颈,推动智慧健康养老领域科研成果加速商业化与产业化。

■ **推动智慧健康养老信息服务平台建设。**加快建设省统筹区域全民健康信息平台,构建统一规范、互联互通的健康养老信息共享系统。鼓励和支持社会力量利用云计算、大数据等技术建设养老信息服务平台,为老年人提供一体化信息服务。

■ **提升信息基础设施支撑能力。**持续推动城乡光纤网络覆盖和扩容提速,推进康养大数据中心建设,落实智慧健康养老服务平台网络安全防护要求,强化智慧健康养老个人信息安全保障能力。

以上四大重点任务既是"智慧养老"今后的重点发展方向,又是带动大健康产业乃至整个智慧健康养老产业的基础核心。

四川省是老龄人口大省和经济大省,互联网发展基础好,电子信息产业发达,人才资源丰富,具备培育壮大智慧健康养老产业的有利条件。良好的土壤需要施以正确的肥料,才能结出硕果。大力培育"智慧养老"的肥沃土壤,需要政策配套支持以引导社会各方力量积极投入到新模式、新业态的发展之中。紧随政策的出台,四川省加大了实施重大科技成果转化项目的支持力度,引导激励校企合作,为众多科技成果转化成长提供沃土。

目前,四川省在深化健康养老信息化应用、提升适老产品和服务供给、培育新模式新业态等方面初显成效,尤其是通过运用先进的互联网技术提供高效、智能的养老服务,使"智慧养老"大受各方好评。"养老照护等级标准与风险分析系统"就是在市场需求和政策的双重加持之下应运而生的。该系统的研发始于校企联合申报的 2020 年四川省科技计划重点项目,获得了政府相关部门的大力支持。该系统由成都医学院、电子科技大学与四川华迪共同研发,成为构建融合多源数据、医养结合的养老服务综合管理平台。

以上阶段性成效离不开国家政策的长期引导,地方政策的及时跟进、落实,社会资本的积极投入,进而为科技赋能"智慧养老"创造了极为优越的条件。在政策的引导下,国内多家互联网平台、养老运营企业和实力投资机构加大了在"智慧养老"这一新赛道的产业投资和产品研发的力度,越来越多的社会资本感受到智慧养老产业大有可为。于是,大量的劳动力替代和增强技术作为老年辅助器具在养老场景中得以应用,高可靠性、高性价比、极简化操作的智能终端在老年人生活中广泛渗透,数据高度集成、功能更为完善、服务获得更为便捷的信息化平台发挥着更突出的作用,科技对养老的支撑能力越来越强,科技创新引领养老产业升级正在成为现实。

虽然智慧健康养老政策出台时间并不长,但已经起到了较为明显的效果。数据显示,2021 年我国智慧养老市场规模接近 5.5 万亿元;而据预测,随着老龄化的加剧,未来智慧养老市场将以 30% 的年均增速成长,至2025 年预计市场规模将达到 15.6 万亿元。可观的市场容量、天然的消费升级诉求,叠加无限细化的应用场景,将会让每个洞察到老年人生活痛点的公司享受到巨大的发展红利。

云南省养老旅游相关政策解读

陶斯劼　张国安

（一）助力"养老旅游"从养老产业边缘走向中心

随着经济发展和社会进步，人们愈加追求健康和精神享受，中国老年群体退休后的第一大需求便是旅游。老年旅游作为新时期老年人的一种旅居生活方式，其动机和体验性越来越强，因而，有必要进一步拓展适应老年人需求的旅游要素。

早在 2015 年，全国老龄办调查数据显示，中国老年人每年旅游人数占全国旅游总人数的 20% 以上。国家统计局数据显示（见图 1），中国老年人旅游消费金额逐年递增，2019 年已超过 5000 亿元，中国老年旅游市场规模正在进一步壮大。虽然 2020 年后旅游行业整体受疫情影响非常之大，近两年老年人旅游消费金额也大幅回落，但在老年人口增长和老年人可支配收入总趋势提高的情况下，疫情过后国内老年人旅游市场预计将会恢复发展并进一步扩大规模。可以预计，随着疫情逐步好转，当前和未来一段时间，健康活力老年群体对老年旅游服务的需求只会越来越强烈，度假住宅、康体疗养等旅游产品有望成为未来中国老年旅游的主流。

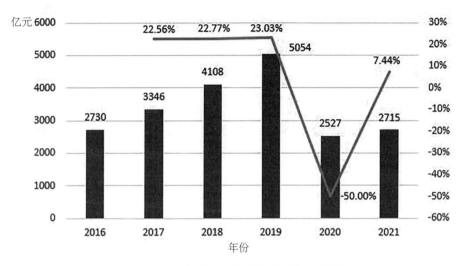

图 1　2016—2021 年中国老年人旅游消费及增长情况图

其中"候鸟式养老"将是未来中国老年旅游新形式的代表,也是后疫情时代养老旅游市场恢复的一大信心来源。与传统的旅游、养老概念有所不同,"候鸟式养老"是指老年人根据季节变化,选择合适的养老地点,在异地进行养老,老年人在"南飞北漂"的候鸟式养老生活中,能体验到"慢旅游"的生活乐趣。

上海交通大学行业研究院发布的《2021 中国候鸟式养老夏季栖息地适宜度指数》和《2021 中国候鸟式养老冬季栖息地适宜度指数》的研究数据显示,云南省所属城市或地区在两个榜单的前 30 位中,皆占据了六席,其中昆明市分列两榜的第一位和第八位。四季如春的云南,是为数不多的几个既适合作为养老夏季栖息地又适合作为冬季栖息地的地区,深得"候鸟"养老群体的青睐。

面对与日俱增的老年旅游需求和蓬勃发展的老年旅游市场,国家政策层面为老年旅游产业的发展提供了适时必要的指引。

2014 年 8 月,《国务院关于促进旅游业改革发展的若干意见》(国发〔2014〕31 号)出台,作出"大力发展老年旅游"的决定:

- 结合养老服务业、健康服务业发展,积极开发多层次、多样化的老年人休闲养生度假产品。
- 规划引导各类景区加强老年旅游服务设施建设,严格执行无障碍环境建设标准,适当配备老年人、残疾人出行辅助器具。
- 鼓励地方和企业针对老年旅游推出经济实惠的旅游产品和优惠措施。
- 抓紧制定老年旅游服务规范,推动形成专业化的老年旅游服务品牌。
- 旅游景区门票针对老年人的优惠措施要打破户籍限制。

2021 年 12 月,国务院发布《"十四五"国家老龄事业发展和养老服务体系规划》(国发〔2021〕35 号),进一步提出"促进养老和旅游融合发展":

- 引导各类旅游景区、度假区加强适老化建设和改造,建设康养旅游基地。
- 鼓励企业开发老年特色旅游产品,拓展老年医疗旅游、老年观光旅游、老年乡村旅游等新业态。
- 支持社会力量建设旅居养老旅游服务设施,结合各地自然禀赋,形成季节性地方推介目录,加强跨区域对接联动,打造旅居养老旅游市场。
- 以健康状况取代年龄约束,修改完善相关规定。

我们可以从中发现,在这场"养老"和"旅游"双向奔赴的跨界融合过程中,养老旅游市场的需求通过一系列具体措施得以进一步释放,养老旅游市场的供给也逐步扩大,"养老旅游"逐渐从养老产业的边缘走向中心。有关部门在聚焦市场发展的同时,也更多关注到了活力老年人群这个主体背后的巨大消费潜力。适老化设施改造、价格优惠措施、开发特色旅游产品、打造旅居养老旅游市场等举措,让"发展老年旅游"不再是一句口号,而是成为一项越来越被认可的"以人为本"的惠民服务。

（二）新政策为新业态成长提供新契机

云南地处我国西南边境,旅游资源丰富。自改革开放开始,旅游业就成为云南经济发展的重要支柱产业之一,为云南经济增长做出的贡献功不可没。根据官方数据显示,云南省的旅游总收入和接待游客总人数在疫情前的2019年达到了历史最高峰。2012—2018年,旅游业收入占云南GDP的比重逐年上升,从2012年的16.51%增长到2018年的50.28%。显然,旅游业对云南省经济发展起着举足轻重的作用,这也正是云南省人民政府出台多份政策文件加快推动旅游业发展的动因。

2016—2018年,云南省人民政府相继在三个重要政策文件中明确"发展养老旅游业"的目标和举措:

- 2016年9月,《云南省人民政府办公厅关于印发云南省养老服务体系建设"十三五"规划的通知》(云政办发〔2016〕91号)中,作出"发展旅游养老健康服务优势业态"的明确指示。

- 2017年11月,《云南省人民政府办公厅关于支持社会力量发展养老服务业的实施意见》(云政办发〔2017〕114号)中,提出"重点发展与旅游融合的养老健康服务业""建设养老旅游接待基地""搭建跨省际的异地养老协作平台"等一系列举措。

- 2018年8月,《云南省人民政府办公厅关于全面放开养老服务市场提升养老服务质量的实施意见》(云政办规〔2018〕5号)中,提到要大力发展"候鸟式"旅游养老业,深化国内外交流与合作,建立跨区域养老合作机制,积极培育国际性养老服务市场,打造世界一流健康生活目的地。

2016年12月,云南省旅游产业发展领导小组根据云南省"十三五"规划有关决议精神,编制出一份"重磅"文件——《云南养老旅游发展专项规划(2016—2030年)》(简称《专项规划》)。《专项规划》兼具学术性和规划性,不仅对"养老旅游"的概念、特点、类型、发展现状等理论问题——进行了研究、论述和分析,还对云南省未来的养老旅游产业布局和建设制定了详细而客观的中长期规划。明确提出了"将云南省打造成为集生态观光、长寿养生、休闲度假、民俗体验、康体疗养、文化体验等于一体的候鸟型养老旅游目的地,打造成为面向全国,兼顾南亚、东南亚的疗养型养老旅游目的地"的宏伟目标。《专项规划》提出的"养老旅游"学术和产业双概念在全国范围都堪称理念超前,为养老旅游模式在全国的发展和推广提供了范式。

《专项规划》为推进云南省特色养老旅游产品的培育建设,系统性地提出了以下五个方面的具体举措:

■ 壮大市场主体

(1)盘活社会养老旅游资源。支持采取股份制、股份合作制、政府和社会资本合作(PPP)等模式,建设和发展养老旅游机构;鼓励政府投资公建民营的养老旅游服务机构。

(2)鼓励社会资本广泛参与。在养老旅游领域采用政府和社会资本合作(PPP)等多种形式,吸引和鼓励社会资本积极参与公共服务建设;鼓励养老机构跨区联合、资源共享,发展异地互动养老;支持机关、企事业单位将所属的度假村、培训中心、招待所、疗养院等转型为养老旅游服务机构;支持民间资本对企业厂房、商业设施及其他可利用的社会资源进行整合和改造;鼓励个人依托特色旅游村寨兴办家庭式、小型化养老旅游机构。

(3)引导养老旅游企业投资。引导和扶持一批企业发展养老旅游,打造一批精品养老旅游项目,树立云南候鸟式养老旅游品牌;围绕景区建设,开发一批公寓式康体休闲养老旅游机构;围绕酒店建设,开发一批全方位的养老旅游酒店;围绕地产建设,开发一批综合型的养老旅游社区;围绕老年人衣、食、住、行、医及文化等需要,开发老年用品和服务;围绕特色生物医药资源,开发老年保健产品。

■ **开拓客源市场**

(1)培育和树立云南省养老旅游形象。立足云南省优良的生态环境、民族医药、温泉、乡村、宗教文化和生物保健等资源,结合国内外养老旅游市场发展的趋势,进一步提出云南省养老旅游的形象定位和市场定位。

(2)开拓养老旅游客源市场。以国内的"活力老人"为主要客源市场,重点推出观光型养老旅游、候鸟型养老旅游和疗养型养老旅游等业态,大力开发观光养老旅游、康体疗养养老旅游、御寒避暑度假养老旅游、长寿养生养老旅游等产品,吸引国内老年人到云南享受多样化的旅游和旅居体验。

(3)创新旅游营销手段。坚持"分清重点,找到亮点,口耳相传"的营销原则,主要采取口碑营销、健康营销、节庆营销、怀旧营销、重点客源地营销和创意营销等营销手段。

■ **整合养老配套**

(1)盘活养老资源。重点扶持特色旅游村寨,改造一批乡村型养老旅游项目;盘活公建空闲养老服务机构和民建养老机构资源,通过公建民营和民建民营方式发展一批异地置换养老旅游项目;利用生态环境优良的景区、酒店、地产等资源,改造一批候鸟式的公寓型康体休闲养老旅游项目;整合非公立医疗机构发展一批以慢性病康复为主的疗养保健型养老旅游项目。

(2)重视医养结合。鼓励城乡社区卫生服务机构、乡镇卫生院等医疗卫生机构与养老旅游服务机构签订医疗合作协议,为养老旅游服务机构提供基本医疗、建立老年人健康档案、护理培训等服务;鼓励二级以上综合医院为养老旅游者开设预约就诊和紧急救护绿色通道、开展远程医疗服务;加强与各州市中医院、民族医院、中医馆合作,开发养老旅游特色医疗服务;积极探索全国医保报销制度,将异地参保老年人因疾病产生的医疗费用,纳入医保结算。

(3)开展健康管理。鼓励发展以健康调理、康复和健康维护为核心的养老旅游服务;支持发展以各类休闲度假、健康运动、活动为核心的健康保健服务;探索推进以健康评估为核心的健康咨询服务、家庭医生服务、健康旅游卡服务以及服务于健康管理产业的健康数据信息通信服务。

(4)开拓新型服务。积极探索构建"养老＋投资＋管理＋金融"的运营模式,强化中介协调服务,加强对养老保险基金和养老地产投资,充分发挥行业引导和规范商业银行、保险公司、证券公司等金融机构开发适合老年人的理财、信贷、保险等产品。

■ 建立标准体系

(1)制定养老旅游标准化体系。充分借鉴、学习和引进国内外相关质量标准,按照"规范性、引领性、全面性、操作性"原则,内容涵盖养老旅游建筑标准、养老旅游服务标准、养老旅游配套标准、养老旅游安全标准等。

(2)提升养老旅游标准化体系层级。加强与国家相关机构、标准评定机构的沟通与交流,实现通力合作,积极争取将养老旅游标准化体系上升为国家标准、强制性标准。

■ 健全智慧系统

(1)建立云南省养老旅游网络服务平台。加快推进云南省养老旅游基础数据库和网上服务平台建设,构建集养老旅游咨询、远程健康咨询、养老旅游营销宣传等内容于一体的信息网络平台。

(2)建立以智能可穿戴设备为基础的智慧养老平台。主要针对疗养型养老旅游者,整合线下的医疗健康机构、文化娱乐机构、生活服务机构等,通过可穿戴智能设备的 C 端连接老年人,为养老旅游者提供定位跟踪、紧急呼叫、日常生活照料服务等。

(3)建立以居家养老服务为基础的 O2O 网络平台。以养老旅游者的居家养老服务为出发点,通过老年人对于日常生活的消费黏性,构建线上销售、线下居家服务的电商 O2O 模式。

(4)建立医疗服务 O2O 网络平台。针对异地养老旅游者的医疗需求,推进线下医疗、医药服务体系与线上互联网、移动互联网平台相结合,加快搭建集远程医疗会诊、远程健康咨询、医疗预约等服务于一体的信息网络和数据开发、接入开放等多功能的信息平台。

《专项规划》从壮大市场主体、开拓客源市场、整合养老配套、建立标准体系、健全智慧系统这五个方面十六个具体举措着手,"向前一步"为云南省养老旅游业的发展提出了全面的支撑保障和系统的配套服务,堪称全国养老旅游产业发展和规划的标杆,也为其他地区开发养老旅游产业提供了可供参考的经验。

以上意见、规划等政策文件的出台,明确了养老旅游产业的开发和建设重点,也进一步提升了养老旅游在云南省旅游产业中的地位,为把养老旅游培育成为云南省旅游产业新的增长点甚至成长为一个新的融合产业集群提供了契机。

(三)因势利导养老旅游产业集群初见端倪

云南省昆明市凭借优良的生态环境、多彩的特色文化以及具有地域特色的温泉、民族医药、生物保健等优势资源,形成了独具特色的养老环境,吸引了众多"候鸟式"养老群体,并且拉动了整个云南省养老旅游市场的发展。昆明的"候鸟式养老"旅游产业已日渐成熟,并且大有更进一步之势,养老旅游产业集群已初见端倪。

自"十三五"时期以来,昆明市政府和企业共同按照"机构养老创品牌、社区养老辟新径、社会养老促发展"的思路,大力发展养老旅游产业。截至2020年,随着七彩云南滇池国际养生养老度假区、枫桥尚院新型养老社区、石林杏林大观园老年公寓、云间旅居养老公寓等中高端旅居养老项目陆续建成并投入使用,新增中高端旅居养老床位3800多张,填补了昆明没有上档次候鸟旅居式养老项目的空白;同时,一批来自美国、英国、泰国等地的知名企业投资建设的养老养生项目正逐步落户昆明,绿色休闲养生、幸福养老已成为昆明又一张亮丽的名片。

昆明的养老旅游产业,尤其是"候鸟式养老"旅游产业的有序发展既得益于其得天独厚的自然环境资源,更离不开相关政策的正确指引和大力支持。

2019 年 3 月,昆明市人民政府发布《关于印发全面放开养老市场提升养老服务质量实施意见》(昆政办〔2019〕42 号),其具体举措对建设优质养老服务供给体系、重点发展养老旅游产业产生了重要影响:

- ■ **积极打造世界一流健康养老目的地。**大力发展休闲养生健康养老产业、"候鸟式"旅游养老业、老年健康管理服务业、民族特色医药产业、生物医药保健产业、老年文化创意产业,推动形成具有云南特色和影响力的养老产业集聚区。

- ■ **扶持康养小镇和老年地产建设。**鼓励社会资本参与昆明康养小镇、老年住宅、老年公寓等老年生活设施建设。大力建设集健康、旅游、养生、养老于一体的综合体项目,将昆明打造成为集生态观光、长寿养生、休闲度假、民俗体验、康体疗养、文化体验等于一体的养老养生热点旅游目的地。

- ■ **促进医养结合健康发展。**加强养老与大健康产业、区域性国际中心城市建设的对接,大力推进医养结合"311 模式"的试点和推广,确保人人享有基本健康养老服务。

- ■ **推进"互联网十"养老服务创新。**加快昆明市"互联网十智慧健康养老服务——智慧养老服务平台"建设。

- ■ **培育发展老年产品用品。**引导支持有关行业、企业围绕健康监测可穿戴设备、慢性病治疗、康复护理、辅助器具和智能看护、应急救援、通信服务、电子商务、旅游休闲等重点领域研发和生产老年产品用品,重点支持自主研发和生产康复辅助器具,增加老年用品供给。

2019年12月,昆明市人民政府结合云南省打造世界一流"健康生活目的地"的战略举措,为了进一步擦亮昆明的"中国健康之城"新名片,制定印发了《昆明市大健康产业发展规划(2019—2030年)》。规划文件涵盖了两大核心内容:一是对健康养老进行了整体布局引导,提出了重点发展包括候鸟式健康养老产业集群在内的七大重点领域;二是针对老年人旅游市场特点,合理设定线路,开发特色旅游产品,进一步促进昆明候鸟式养老产业发展。在此核心思想指导下,具体提出了三大重点发展方向,以深入构建"候鸟式健康养老产业集群":

■ **中高端医疗旅游**。依托主城区良好的城市综合配套,整合区域内优质的公立和非公立医疗机构,发展中高端医疗旅游服务。鼓励社会资本提供以体检和疾病治疗为主的国际先进医疗服务,发展基因检测、干细胞治疗、生殖医学、老年医学、整形美容等高端特色医疗,满足游客多样化的医疗健康服务需求。

■ **康复疗养旅游**。融合治疗、康复与旅游观光,开发日光、水疗、地热、森林、温泉等特色健康旅游线路,通过气功、针灸、按摩、理疗、矿泉浴、日光浴、森林浴、中草药药疗等多种服务形式,提供健康疗养、慢性病疗养、适度高原减肥、老年病疗养、骨伤康复和职业病疗养等特色服务。

■ **休闲养生旅游**。融合休闲度假、养生保健和修身养性,拓展休闲养生服务模式,针对不同人群需求特点,打造居住型养生、环境养生、文化养生、调补养生、美食养生、美容养生、运动养生、生态养生以及抗衰老服务等一系列旅游产品。

《关于印发全面放开养老市场提升养老服务质量实施意见》和《昆明市大健康产业发展规划(2019—2030年)》这两个专项政策虽然出发点和侧重点不尽相同,但都不约而同地对"候鸟式旅游养老""养生养老""休闲养老""健康养老""医疗养老"等"养老＋产业"形式的多元融合发展做出了具体的规划和布局,都对云南省和昆明市的养老旅游产业寄予了厚望。

我们有理由相信,在这些政策的指引下,充分结合云南省、昆明市得天独厚的旅游资源优势,融合健康、旅游、养生、养老、地产等要素于一体的真正意义上的养老旅游产业集群将大放异彩。

结语　养老服务织网忙

罗守贵

养老服务涉及多种要素、多种主体，要建立良好的、适应中国未来人口老龄化的养老服务体系，就需要将这些要素有效地整合起来，将这些主体有效地组织起来，这个过程就像在织一张大网。这张大网要足够地细密而富有弹性，经纬相连，环环相扣，能够抵挡强劲风雨的侵袭。

养老服务网就是为亿万老人构建一个稳定而适宜的生活环境。老人就像一棵大树，当她从枝繁叶茂的春夏进入凉意渐起的秋天，乃至寒风凛冽的冬天时，她的抵抗力确实在慢慢地下降，但秋冬季节仍然是美好的。大自然中五彩斑斓的秋天甚是迷人，恬静的秋天仍然令人向往，甚至冬日里也能享受温暖的阳光或欣赏浪漫的、银装素裹的美景。对养老服务而言，社会需要做的就是要像织网一样，尽可能地给大树建立起致密的遮风挡雨屏障。这样，当进入秋冬季节的时候，树木可以得到很好地保护，它们的叶子在秋季能够较长时间地、精彩地保持在枝头，而当最后一片叶子落下时，也能够缓缓地、优雅地、富有尊严地回归自然。

每一位老人，不管他/她以前职位高低，收入多寡，他们在年轻的时候都为国家和社会做出过贡献，年老的时候也都应当被这个社会呵护。有一首歌的歌词是"我能想到最浪漫的事，就是和你一起变老"，我们整个社会也应当这样。

养老服务大网不仅包括物质层面的，也包括精神文化层面的。

在物质层面，织网就需要大量的投入。无论是建立多层次的、布局合理的养老机构也好，还是建立功能完备、服务能力强大的社区为老服务中心也好,还是对老年家庭进行适老化改造或建立家庭病床也好,都需要财力和其他物质资源的投入,政府、企业、家庭以及各类非政府组织有责任做好这件事。物质投入的多少取决于经济实力的强弱,只要我们对中国经济的未来有信心,我们就对养老服务的物质之网有信心。

在精神文化层面,我们需要挖掘和弘扬中华民族尊老、爱老的美德,我们需要大力褒奖这类行为,甚至需要修补那些一度被破坏的生育文化和孝道文化。比如,在社会少子化现象日趋突出,不婚不育群体日益增加的当下,我们有必要予以正面的舆论引导。我们至少可以提出现代的"养儿防老"理念——社会养儿防老。一方面,对于那些选择不愿意生育的群体,社会当然应当尊重他们的意愿。但另一方面,我们也需要思考一个问题,如果大家都不生育,谁来给我们养老?丁克家庭可以在年轻的时候进行更多的储蓄,但仅仅靠金钱并不能解决养老问题。哪怕未来智慧养老高度发达,但最终还是要靠人来指挥或操作各种越来越复杂的养老服务机器人或其他智能系统。因此,生儿育女并不仅仅是家庭行为,它更是一种社会行为。全社会都应当对生育子女的父母给予足够的尊重和爱护,因为他们对民族和种族的繁衍做出了贡献。倡导和弘扬这种文化对养老服务的可持续发展具有重要意义,类似的养老服务文化之网和物质之网的编织同样重要。

如何编织好这张大网,我们需要有一个全局观和系统化的设计。除了大中城市要加强养老服务体系建设以外,我们在这里提出一个观点:全国 4 万个左右的小城镇应当成为未来几十年养老生活的重要载体之一。农村人口流出了,但相当部分的人在他们五六十岁的时候可能要回到乡村,但过于分散的农村聚落的生活配套很难满足现代生活。我们针对农村养老的大量调研表明,许多乡村养老资源像撒胡椒面一样被分散配置,但最终却因缺乏规模经济而陷入极低的运营效率。因此将 4 万个左右的小城镇建设好,发挥养老资源的集聚效应,将不仅能使小城镇成为养老生活的重要载体,还能振兴小城镇,刺激投资,拉动经济增长。

　　总之,中国老龄化的进程比预想的要快很多,国家层面已经充分认识到这一问题并正在进行战略性的布局,地方政府、养老机构和其他社会力量也已经开始行动起来。虽然挑战巨大,但我们相信,在社会主义的中国,养老服务这张大网一定能够被尽快编织起来,并且越来越细密而结实。

2021 年中国养老行业大事记

吴霜影

- 1 月 26 日,国家卫健委发布《关于开展 2021 年全国示范性老年友好型社区创建工作的通知》(国卫老龄函〔2021〕25 号)。

- 2 月 10 日,工业和信息化部发布《关于切实解决老年人运用智能技术困难便利老年人使用智能化产品和服务的通知》(工信部信管函〔2021〕18 号)。

- 3 月 11 日,李克强总理在人民大会堂回答中外记者提问时表示,中国的老龄产业是一个巨大的朝阳产业。

- 李克强总理表示,中国的老龄人口已经有两亿六千万,老龄产业也可以说是一个巨大的朝阳产业,它带来了多样化的需求。

- 3 月 22 日,李克强总理在人民大会堂以视频方式会见出席中国发展高层论坛 2021 年年会的境外代表时表示,欢迎国外养老服务产品有序进入中国市场。

- 4 月 9 日,国家卫健委印发《关于开展老年人失能(失智)预防干预试点工作的通知》,确定在北京、山西、辽宁、福建、山东、河南、湖南、广西、四川、贵州、云南、陕西、甘肃等 13 省(区、市)组织开展老年人失能(失智)预防干预试点工作。

- 5 月 31 日,中共中央政治局召开会议,习近平总书记主持会议,听取"十四五"时期积极应对人口老龄化重大政策举措汇报。

- 6 月 10 日,国家卫健委发布《关于做好 2021 年"智慧助老"有关工作的通知》(国卫老龄函〔2021〕117 号)。

- 6 月 12 日,国家卫健委、全国老龄办发布《关于学习贯彻中央政治局会议精神落实积极应对人口老龄化重大政策举措的通知》(国卫老龄函〔2021〕129 号)。
- 6 月 17 日,国家发展改革委、民政部、国家卫健委发布《"十四五"积极应对人口老龄化工程和托育建设实施方案》(发改社会〔2021〕895 号)。
- 6 月 22 日,民政部、国家发改委联合印发《"十四五"民政事业发展规划》(民发〔2021〕51 号)。
- 7 月 5 日,国家卫健委发布《关于开展第四届全国"敬老文明号"创建活动的通知》(国卫老龄函〔2021〕143 号)。
- 7 月 16 日,国家医保局办公室、民政部办公厅印发《关于印发长期护理失能等级评估标准(试行)的通知》(医保办发〔2021〕37 号)。
- 9 月 2 日,中国银保监会批复同意筹建国民养老保险股份有限公司(银保监复〔2021〕701 号)。
- 9 月 13 日,民政部、市场监管总局联合印发《关于强化养老服务领域食品安全管理的意见》(民发〔2021〕73 号)。
- 10 月 12 日,民政部办公厅、财政部办公厅发布《关于组织实施 2021 年居家和社区基本养老服务提升行动项目的通知》(民办函〔2021〕64 号)。
- 10 月 13 日,习近平总书记对老龄工作作出重要指示,强调要贯彻落实积极应对人口老龄化国家战略,让老年人共享改革发展成果安享幸福晚年。
- 10 月 14 日,李克强总理对全国老龄工作会议作出重要批示,强调实施积极应对人口老龄化国家战略,推动老龄事业和产业高质量发展。
- 10 月 19 日,国家卫健委发布《关于命名 2021 年全国示范性老年友好型社区的通知》(国卫老龄函〔2021〕208 号)。
- 10 月 20 日,工业和信息化部、民政部、国家卫健委联合印发《智慧健康养老产业发展行动计划(2021—2025 年)》(工信部联电子〔2021〕154 号)。

- 11 月 11 日,民政部、住房和城乡建设部、市场监管总局联合印发《关于推进养老机构"双随机、一公开"监管的指导意见》。
- 11 月 24 日,中共中央、国务院发布《关于加强新时代老龄工作的意见》。
- 11 月 26 日,民政部、国家开发银行发布《关于"十四五"期间利用升发性金融支持养老服务体系建设的通知》(民发〔2021〕94 号)。
- 12 月 30 日,国务院发布《关于印发"十四五"国家老龄事业发展和养老服务体系规划的通知》(国发〔2021〕35 号)。
- 12 月 30 日,民政部发布 8 项养老机构服务行业标准,包括《养老机构老年人跌倒预防基本规范》《养老机构膳食服务基本规范》《养老机构洗涤服务规范》3 个行业标准,以及《养老机构服务礼仪规范》《养老机构岗位设置及人员配备规范》《养老机构接待服务基本规范》《养老机构老年人营养状况评价和监测服务规范》《养老机构康复辅助器具基本配置》等共计 8 项行业标准。